STELLPLATZFÜHRER URIGE BRAUEREIEN

W0326833

Möchten Sie im Urlaub eine Brauerei besichtigen? Eine gute Idee – doch aufgepasst: Alkohol trinken und Reisemobil fahren vertragen sich nicht. Dabei hilft jetzt dieser Stellplatzführer: Das Buch listet 170 Brauereien in Deutschland auf, die einen Übernachtungsplatz direkt vor der Tür oder in Laufnähe aufweisen.

Die Neuauflage dieses Stellplatzführers offenbart den Einfluss von Corona auf die Gastronomie: Öffnungszeiten und Angebote der Brauereien haben sich verändert, manche sind verschwunden, andere haben sich neu organisiert. Informieren Sie sich vor Ihrem Besuch bitte unbedingt über den Stand der Dinge. So können wegen der Pandemie zum Beispiel Veranstaltungen ausfallen. Da sie aber normalerweise dazu gehören, listen wir sie in dem Stellplatzführer für Sie auf. Wir zeigen Ihnen solche Brauereien, die Besichtigungen und Seminare anbieten, Museen und Brauchtum pflegen, gutes Bier und leckeres Essen servieren. Und Gäste im Reisemobil besonders willkommen heißen.

In dem Büchlein finden Sie Adresse und Angebot von 170 Brauereien – und alle wichtigen Informationen zu dem jeweiligen Stellplatz. So können Sie Ihre lang gehegte Idee, unterwegs eine Brauerei zu besuchen, endlich einmal umsetzen. Und das mit ruhigem Gewissen: Schließlich steht Ihr Reisemobil gleich in der Nähe. Viel Spaß dabei – und: Prost.

Claus-Georg Petri,
Stellvertretender Chefredakteur, Projektleiter

INHALT

LEGENDE STELLPLATZ-AUSSTATTUNG

- Behindertengerecht
- CHEM Entsorgung Kassettentoiletten
- GRAU Entsorgung Grauwasser
- Frischwasser
- Grillplatz
- Haltestelle
- Hotspot/WLAN
- Hunde erlaubt
- Lebensmittelladen
- Liegewiese
- Restaurant
- Stromanschluss
- Telefonische Reservierung möglich
- Toilette
- Zentrum

Die Gebühren gelten für ein Reisemobil/einen Caravan samt zwei Personen. Die Stellplatzdaten beruhen auf Betreiberangaben. Nach Redaktionsschluss im April 2022 können sich Änderungen ergeben. Verlag und Redaktion übernehmen dafür keine Haftung. Alle Angaben wurden sorgfältig recherchiert und erfolgten nach bestem Wissen und Gewissen.

Stellplätze an 170 Brauereien

56 Frensdorf-Reundorf
68 Hallerndorf-Schnaid
74 Hirschaid
93 Litzendorf
102 Memmelsdorf
159 Strullendorf

Seitenzahl für die jeweiligen Stellplätze an Brauereien

Natur, Wandern und Bier –

das alles gibt es hier in Bonndorf/Schwarzwald

Tannenzäpfle Bier

Wir haben einen schönen Wohnmobil-Stellplatz (12 Plätze, Strom, Ver- und Entsorgung) direkt neben dem Freibad. Während der Freibad-Saison können Sie die Duschen und WC's kostenlos nutzen und natürlich auch schwimmen. Bei schönem Wetter bietet sich ein traumhafter Blick auf die Schweizer Alpen. Die Staatsbrauerei Rothaus liegt nur etwa 15 km entfernt und kann mit der KONUS-Gästekarte kostenlos per Bus erreicht werden. Die Haltestelle liegt schräg gegenüber vom Stellplatz. Einer Wanderung zur Brauerei steht also nichts entgegen, die Rückfahrt mit dem ÖPNV ist gesichert (www.efa-bw.de).
In unmittelbarer Nähe ist auch unser Japanischer Garten, dahinter das Bonndorfer Schloss, dort sind die

Wasserfall in der Lotenbachklamm

Badische Staatsbrauerei Rothaus

Torbogen im Japanischem Garten

Schloss Bonndorf

berühmten „Schloss-Narrenstuben" und das Kulturzentrum des Landkreises Waldshut beheimatet. Direkt vor der Haustür gelegen erstreckt sich das weit bekannte Wandergebiet der wildromantischen Wutachschlucht. Das Naturschutzgebiet mit einer reichen Tier- und Pflanzenwelt bietet unvergessliche Wandereindrücke (www.wutachschlucht.de).
Die Wutachschlucht ist auch Teilabschnitt des Schluchtensteigs quer durch den Naturpark Südschwarzwald. (www.schluchtensteig-schwarzwald.de)
Der Bähnleradweg, der Südschwarzwald-Radweg und der Panorama-Radweg führen durch Bonndorf. Sehr abwechslungsreiche E-Bike und Mountainbike Touren können von hier aus gestartet werden.

Fotos: Badische Staatsbrauerei Rothaus, Touristinformation Bonndorf

TOURISTINFORMATION BONNDORF
Martinstraße 5
D-79848 Bonndorf
T: +49 (0)7703 7607
I: www.bonndorf.de

Viel zu stemmen

Erlebnisbrauerei mit angeschlossenem Museum: In der oberschwäbischen Gemeinde Bad Schussenried kommen Bierliebhaber auf ihre Kosten. Und staunen obendrein.

Von Claus-Georg Petri

So lässt sich ein Urlaubstag krönen: Erst schön mit dem Reisemobil durch Oberschwaben bummeln, dann auf dem Stellplatz im Hof der Schussenrieder Brauerei Ott ankommen. Nicht nur, dass hier die notwendige Infrastruktur vorhanden und auch die Schlafstätte gratis ist – von diesem Übernachtungsplatz aus ist vor der Wohnmobiltür viel zu entdecken.

Da lädt zunächst die Schussenrieder Erlebnisbrauerei zur Visite ein. Die Wurzeln dieses traditionsreichen Familienunternehmens reichen zurück bis ins 12. Jahrhundert: Im Jahr 1183 gründeten Prämonstratenser-Mönche in Suzzenriet, wie der Ort einst hieß, ein Kloster. Dort begannen sie, Bier zu brauen.

Das untere Brauhaus des Klosters wurde später das Gasthaus „Zur Krone". Das kaufte 1906 der junge Braumeister Josef Ott. Samt kleiner Brauerei und Landwirtschaft bezahlte er dafür 200.000 Goldmark – ein überaus stolzer Preis.

Über die Generationen blieb die Brauerei in der Familie und wuchs kräftig. 1992 wurde der Name in „Schussenrieder" geändert. Mittlerweile fließen aus den Zapfhähnen diverse Biere: Original N° 1, Helles, Schwarzes, Bock und viele mehr – gern getrunken von mehr als 100.000 Gästen, die pro Jahr die 1994 gegründete Erlebnisbrauerei besuchen.

Zu der gehört das laut eigenem Bekunden erste und weltweit einzige Bierkrugmuseum. Unter dem Motto „Trinkkultur aus fünf Jahrhunderten" haben sich seit 1994 um die 1.200 Bierkrüge aus den Jahren 1550 bis 1925 angesammelt. Größtenteils stammen sie aus der privaten Sammlung von Brauerei-Seniorchef Jürgen Josef Ott. Die Exponate dokumentieren die Geschichte des Bieres. Das Material der Krüge reicht von Silber, Porzellan, Ebenholz, Elfenbein, Marmor, Kristall und Glas bis hin zu Kokosnussschalen. Diese Stücke brachten Weltreisende mit.

Da kommt Freude auf: Besucher im Schussenrieder Bierkrugmuseum. Die Sammlerstücke aus aller Zeit und vielen Ländern finden großen Anklang. Besonders die Raritäten haben es den Gästen angetan. Die Krüge sind aus edlem Metall oder Steingut und zeigen auch Gesichter.

Zu den außergewöhnlichen Sammlerstücken gehören ein Straußenei-Krug aus dem Jahre 1670 und der aus 250 Jahre alten Eichenbalken handgeschnitzte Holzbierkrug – der größte der Welt. Mit einer Höhe von 1,80 Metern, einem Fassungsvermögen von 110 Litern und einem Gewicht von 68 Kilogramm lässt er die Zungen der Bierfans schnalzen.

Als weitere Attraktion lockt der drittgrößte Bergkristall der Welt. Das Schmuckstück wiegt über eine Tonne. Auch der 2007 eingeweihte Zunftbaum auf dem Brauereihof zählt mit seinen historischen Wirtshausschildern zu den Sehenswürdigkeiten der Ferienregion.

Bisher fanden mehr als eine Million Gäste aus aller Welt den Weg hierher. Somit haben sich Erlebnisbrauerei samt Bierkrugmuseum weit über die Grenzen hinaus zum touristischen Publikumsmagneten entwickelt.

Kein Wunder, es geht hier schließlich zünftig zu: Nach dem Ausflug in die traditionelle Trinkkultur laden der schattige Biergarten im Brauereihof, ein kühler Gewölbekeller aus dem 17. Jahrhundert und die historische Museumsschenke die Besucher zu schwäbischen Leckereien und feinen Bierspezialitäten der Gegenwart ein. Im barocken Flair serviert das Team naturtrübes Museumsbier und reicht dazu ein herzhaftes Bauernbrot.

Und irgendwann geht es wieder zurück ins Reisemobil, das gleich nebenan auf dem brauereieigenen Stellplatz wartet. Wie gesagt: So lässt sich ein Urlaubstag wunderbar krönen.

DIE FREIEN BRAUER – SCHUSSENRIEDER GEHÖRT DAZU

Im Jahr 1999 stieg Sohn Michael Ott in die Brauerei ein. Seit 2005 führt er als Geschäftsführer in vierter Generation die Geschichte von Schussenrieder weiter. Dazu gehört, ▶

Gemütlichkeit ist Trumpf: Besucher der Brauerei Schussenrieder kommen natürlich auch hierher, um das leckere Bier zu genießen. In der rustikalen Gaststube finden sie schnell Gleichgesinnte zum Erzählen – erst recht, wenn sie mit dem Reisemobil unterwegs sind, geht der Gesprächsstoff nicht aus.

Blick ins Unbekannte: Bei der Brauereiführung eröffnen sich den Gästen oft neue Welten, etwa wenn sie die Gärung im Braukessel beobachten.

dass sich das Unternehmen 2008 der Initiative „Die Freien Brauer" angeschlossen hat und damit eine große Verbundenheit zu Heimat und Region signalisiert. Das zeigt sich auch darin, dass Schussenrieder sein Bier seit über 100 Jahren ausschließlich nach klassischem Verfahren braut. Und: Die Rohstoffe kommen fast ausschließlich von heimischen Landwirten und unterliegen strengen Kontrollen.

Die Freien Brauer sichern mit ihren 41 führenden Brauereien in Deutschland und Österreich 3.500 Arbeitsplätze und bilden 200 Lehrlinge aus. Die Mitgliedsunternehmen tragen in ihren angestammten Regionen maßgeblich zur Förderung einer gesunden Wirtschaftsstruktur bei.

Fotos: Schussenrieder; www.ingorack.com

Schussenrieder – Reisemobilisten willkommen

Die Erlebnisbrauerei hält einen Stellplatz für 25 Reisemobile bereit und hat einmal im Jahr zu den Schussenrieder Wohnmobiltagen eingeladen. Das Wochenende mit reichlich Live-Musik und buntem Rahmenprogramm kann vom 24. bis 26. Juni 2022 erstmals seit der Corona-Pandemie wieder stattfinden. Der Eintritt bei allen Musikveranstaltungen ist frei. Wer dabei sein will, sollte einen Stellplatz reservieren:

Schussenrieder Bierkrugmuseum,
Wilhelm-Schussen-Straße 12, 88427 Bad Schussenried,
Tel.: 07583/40411, www.schussenrieder.de

Das reinste Vergnügen

Deutsches Bier ist von Weltruf. Seine anerkannt hohe Qualität geht auf den Kampf gegen schlechtes Bier zurück, das einst überhandnahm. Ein Dekret regelt seither, woraus hierzulande Bier gebraut werden darf – und an welchem Tag es gefeiert wird.

Wer eine Flasche deutschen Bieres in die Hand nimmt, liest darauf: „Gebraut nach dem Deutschen Reinheitsgebot von 1516." Was aber hat es mit diesem Versprechen auf sich? Steckt dahinter mehr als ein Marketing-Gag mit Tradition?

Tatsächlich handelt es sich bei der Qualität des Hopfensaftes um eine bierernste Angelegenheit. Zu einer Regelung, woraus Bier bestehen darf, kam es so: Am 23. April 1516 erließ Wilhelm IV. das Deutsche Reinheitsgebot. Der bayrische Herzog wollte damit die damals übliche Bierpanscherei beenden. Er bestimmte, dass zum Bierbrauen nur Wasser, Hopfen und Gerste verwendet werden dürfe. Hefe zuzugeben, wurde erst später ergänzt, als dieser Gärungspilz in Reinzucht vermehrt werden konnte.

Noch heute brauen die deutschen Brauer nach dieser Richtlinie und garantieren damit Bier in höchster Qualität – sogar nach weltweitem Maßstab. Das Deutsche Reinheitsgebot bildet damit das älteste Lebensmittelgesetz der Welt, das noch heute Gültigkeit hat. Um den Erlass zu ehren, ist der 23. April alljährlich „Tag des Bieres". cgp

Hier der Wortlaut des Deutschen Reinheitsgebotes:

„Ganz besonders wollen wir, daß forthin allenthalben in unseren Städten, Märkten und auf dem Lande zu keinem Bier mehr Stücke als allein Gersten, Hopfen und Wasser verwendet und gebraucht werden sollen. Wer diese unsere Anordnung wissentlich übertritt und nicht einhält, dem soll von seiner Gerichtsobrigkeit zur Strafe dieses Faß Bier, so oft es vorkommt, unnachsichtlich weggenommen werden."

Bilder: Deutscher Brauer-Bund, shutterstock: Yevhen Tarnavskyi

ALPIRSBACHER KLOSTERBRÄU

Marktplatz 1
72275 Alpirsbach
Tel.: 07444/670
www.alpirsbacher.de
Öffnungszeiten: Brauladen: Mo bis Fr 11:00-17:30 Uhr, Sa 10:00-17:00 Uhr, So und feiertags 11:45-17:00 Uhr, Heiligabend 10:00-12:00 Uhr, Rosenmontag, Karfreitag und Weihnachten geschlossen. Bierseminar: Fr/Sa 19:00 Uhr. Führungen: täglich 12:00 Uhr/14:00 Uhr.
Das gibt's: Brauwelt mit Führungen ab 8,20 Euro, Bierseminar für 29 Euro, Biermuseum, Kloster-Destille und Brauladen, Galerie und Trauhaus.

STELLPLATZ

Stellplatz Bahnhofstraße

Bahnhofstraße
72275 Alpirsbach
07444/95160
www.alpirsbach.de

Am Alpirsbacher Gesundheitszentrum, Distanz zur Brauerei: 0,6 km

GPS: 48°20'34.00"N/8°23'49.00"E

Platz: = 5 auf Sand/Splitt. Aufenthalt max. 1 Nacht. Ganzjährig geöffnet.
Preis: Übernachtung gratis.
Distanz: 0,1 km, 0,1 km, 0,2 km, weitere Restaurants in 0,5 km, 0,6 km.
Freizeit: 3 km. Minigolf im Freibad, Tennis 3 km, Golfplatz 8 km.

POI: Museum für Stadtgeschichte, Glasbläserei 0,5 km, Brauereimuseum 0,7 km, Schauconfiserie 0,7 km, Klosterkirche mit Museum Mönche und Scholaren 0,8 km, Kurgarten mit Konzertmuschel 0,8 km.
Kontakt: Stadt-Information Alpirsbach, 07444/95160, stadt-info@alpirsbach.de, www.alpirsbach.de

38707 **Altenau/Harz**

ALTENAUER BRAUEREI

Breite Straße 29
38707 Altenau
Tel.: 05328/217
www.altenauer-brauerei.de
Öffnungszeiten: Hofladen: Mo-Do 14:00-18:00 Uhr, Fr 14:00-19:00 Uhr, Sa 10:00-14:00 Uhr.
Das gibt's: Brauereiführung mit Verkostung für 10 Euro zu bestimmten Terminen, reservierte Führungen für Gruppen ab 5-10 Personen Fr 16:00 Uhr, Sa 14:00 Uhr, in der NS Kleingruppen Sa 11:00 Uhr, bitte per E-Mail voranmelden, Treffpunkt vor dem Hofladen.

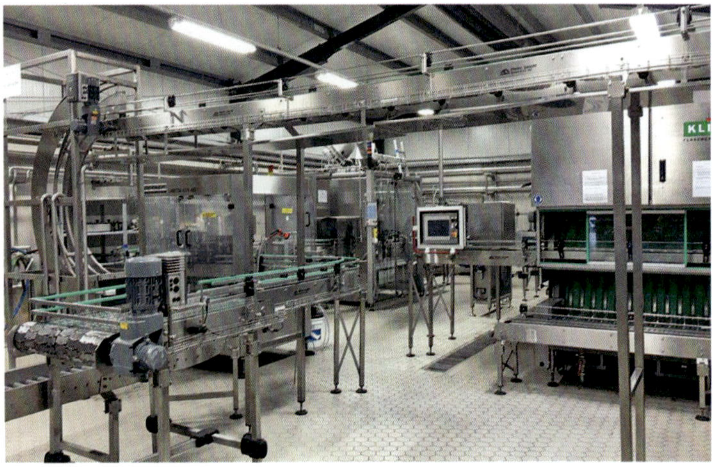

STELLPLATZ

Stellplatz an der Kristalltherme Heißer Brocken

Karl-Reinecke-Weg 35
38707 Altenau/Harz
☎ 05328/911570
www.kristalltherme-altenau.de

Parkplatz am Waldrand in ruhiger Lage, Distanz zur Brauerei: 0,7 km

GPS: 51°47'54.16"N/10°26'36.56"E

Platz: = 15 auf Pflaster, Schotter, Rasengittersteine. =6 (16 A) WC CHEM GRAU. Anmeldung an der Thermenkasse Sonntag-Donnerstag 10:00-21:00 Uhr, Freitag/Samstag 10:00-22:00 Uhr, Thermen-Öffnungszeiten siehe auch Website. Ganzjährig geöffnet. Ausnahme: 24.12.

Preis: 10 € inkl. Entsorgung, WC, Müll-Entsorgung. Strom 0,50 €/ kWh, Wasser 0,50 €/40 l, Dusche 2 €, Kurtaxe 2,14 €, Kurtaxe (6-17 Jahre) 1,44 €. Pro Tag und Fahrzeug werden 5 € auf den Thermen-Eintritt angerechnet.

Distanz: , weitere Restaurants in 0,1 km, Ⓗ 0,2 km, 2 km, 2 km.

Gastro: Geöffnet zu den Thermen-Öffnungszeiten, warme Küche ab 11:30 Uhr, Heiligabend Ruhetag.

Freizeit: 2 km, 12 km, 0,2 km. Sauna-Wellnesspark, Okerseeschifffahrt, Skilaufen, Therme/Saunalandschaft Heißer Brocken 0,1 km, Kräuterpark 1 km, Okertalsperre 1,5 km, Verleih von Wintersportgeräten 2 km, Brocken 16 km.

POI: Holzschnitzerei 1 km, Holzkirche St. Nikolai 1 km, Torfhaus 8 km, Bergwerksmuseum 10 km, 1000-jährige Kaiserstadt Goslar 20 km.

Kontakt: Wellness Rheinpark Camping, ☎ 05328/911570, info@kristalltherme-altenau.de, www.kristalltherme-altenau.de

VOLKER-BRÄU

Albiger Straße 7a
55232 Alzey
Tel.: 0173/3175342
www.volkerbraeu.de
Öffnungszeiten: Mo, Do und Fr 17:00-18:30 Uhr, Sa 10:00-14:00 Uhr. Vor Feiertagen 17:00-18:30 Uhr. Heiligabend/Silvester 10:00-12:00 Uhr.
Das gibt's: Verschiedene Termine für Braukurse (10:00-15:00 Uhr) für 60 Euro, Bierfahrplan mit bestimmten Bieren zu festgelegten Terminen, Shop.

STELLPLATZ

Wohnmobilstellplatz Am Römerkastell

Römerstraße 35
55232 Alzey
☎ 06731/499364
www.alzeyer-land.de

Zentrumsnaher Stellplatz, teilweise schattig, Distanz zur Brauerei: 1,0 km

GPS: 49°44'39.24"N/8°7'4.61"E

Platz: = 8 auf Sand/Splitt, Schotter. CHEM GRAU. Aufenthalt max. 3 Tage, Anfahrt 24 h. Ganzjährig geöffnet.
Preis: Übernachtung gratis inkl. Entsorgung. Strom 0,50 €/ kWh, Wasser 1 €/ min. Bezahlung mit Münzen.
Distanz: Ⓗ 0,3 km, 0,4 km, 0,4 km, 0,5 km.

Freizeit: 0,8 km, 0,8 km.
POI: Altstadt mit Rossmarkt 0,4 km, Schloss 0,6 km, Museum 1 km.
Kontakt: Tourist-Information Alzeyer Land, ☎ 06731/499364, elena.anesiadis@alzey.de, www.alzeyer-land.de

Mit der Plätte unterwegs auf dem „Amberger Amazonas".

Bierstadt Amberg – entspannt genießen

Im Mittelalter wurde in Amberg noch Wein angebaut, heute ist „a gscheit's Bier" das Lieblingsgetränk der Einheimischen. Die Bierstadt blickt auf 500 Jahre Braugeschichte zurück und bis heute brauen fünf mittelständische Betriebe und eine Hausbrauerei den leckeren Gerstensaft in Amberg. Frisch und ohne langen Transport kann man das Amberger Bier in den Wirtshäusern und Biergärten der Stadt probieren. Der Genussort bietet aber noch viele weitere Möglichkeiten zum Glücklich-Schlemmen. Ein persönliches Lieblingsplatzerl zum Wohlfühlen gibt's oben drauf.

All das in besonderem Flair, denn in Amberg geht man auf Zeitreise ins Mittelalter. Die Altstadt zählt zu den besterhaltenen mittelalterlichen Stadtanlagen Europas. Ein Stadtgraben und eine Stadtmauer mit fast einhundert Türen und Toren machten Amberg über Jahrhunderte uneinnehmbar und brachten ihr den Titel als „festeste Fürstenstadt" ein. Die knapp drei Kilometer lange Befestigungsanlage ist noch fast vollständig erhalten.

Fotos: Dietmar Denger, Fotodesign Feig, Michael Golinski, Stadt Amberg

Amberger Bier regional genießen.

Durch den Stadtgraben führt ein wunderschöner Spazierweg, mit zahlreichen lauschigen Plätzchen. Ein echter Geheimtipp. Und innerhalb der Mauern? Industriekultur, Luftkunst, Theater, Biergärten und Wirtshäuser, kleine versteckte Läden - das Angebot ist vielfältig und jeder kann nach seinem Geschmack etwas Passendes finden. Noch heute unterwegs auf mittelalterlichen Transportwegen ist die Vilsplätte. Die Plätte, ein Flachboot den mittelalterlichen Transportkähnen für Salz und Erz nachempfunden, gleitet vorbei am kurfürstlichen Schloss durch die sog. Stadtbrille Richtung Drahthammerwiese. Eintauchen in die Landschaft der Vilsauen, ab und an einen Eisvogel bei der Jagd beobachten und die Seele baumeln lassen – perfekt um die ganz besondere Ruhe und Gelassenheit dieser Stadt zu genießen.

TOURIST-INFORMATION STADT AMBERG
Hallplatz 2 | D-92224 Amberg
https://tourismus.amberg.de
E-Mail: tourismus@amberg.de
Instagram: @ambergtourismus

BRAUEREI WINKLER

Schanzgässchen 6
92224 Amberg
Tel.: 09621/784880
www.brauerei-winkler.de
Öffnungszeiten: Brauerei: Mo-Fr 7:30-16:30 Uhr, Sa 11:00-12:00 Uhr. Winkler Bräuwirt (Untere Nabburger Straße 34, www.winkler-bräuwirt.de): Di-So 11:00-23:00 Uhr.
Das gibt's: Seit 1617, Erlebnis-Brauereiführung mit Schauspielszenen und Bierkutschermenü, Termine ab Herbst 2022, Brauereigaststätte Winkler Bräuwirt mit Biergarten.

STELLPLATZ

Wohnmobilstellplatz Amberg

Schießstätteweg
92224 Amberg
☎ 09621/101239
www.tourismus.amberg.de

Umzäunter Stellplatz an der Vils, gegenüber der Feuerwache, Distanz zur Brauerei: 0,8 km

GPS: 49°26'25.25"N/11°51'43.25"E

Platz: = 16 auf Asphalt. =12 (6 A) CHEM GRAU . Aufenthalt max. 3 Tage, Infotafel am Stellplatz beachten. Ganzjährig geöffnet.
Preis: Übernachtung gratis inkl. Entsorgung. Strom 1 €/12 h, Wasser 1 €.
Distanz: Ⓗ 0,3 km, 0,7 km, 0,8 km, 1 km.
Gastro: Restaurants in der Altstadt. Bäcker am Hallenbad 0,4 km.
Freizeit: 0,3 km, 0,3 km. Treffen des Wohnmobilclubs Amberg-Landhotel Aschenbrenner, Paulsdorf (fast jeden 1. Dienstag im Monat) Gäste willkommen, Naherholungsgebiet (ehem. Landesgartenschaugelände), Plättenfahrten auf der Vils von Mai-Oktober, Wanderung zum Mariahilfberg, Kneippbecken 0,4 km, Kurfürsten-Erlebnisbad 0,4 km, Piratenspielplatz 2 km.
POI: Stadtmuseum 0,5 km, Luftmuseum 0,5 km, Altstadt (Stadtführungen Freitag/Samstag/Sonttag April-Oktober) 0,5 km, Basilika St. Martin 0,6 km, Rokoko-Kleinod Schulkirche 0,7 km.
Kontakt: Amt für Tourismusförderung, ☎ 09621/101239, tourismus@amberg.de, www.tourismus.amberg.de

KLOSTERBRAUEREI ANDECHS

Bergstraße 2
82346 Andechs
Tel.: 08152/376259
www.andechs.de
Öffnungszeiten: Bräustüberl (Ausschank) Mo-Fr 11:00-20:00 Uhr, Sa/So 10:00-20:00 Uhr, Klostermetzgerei Fr 8:00-14:00 Uhr, Klosterladen (Öffnungszeiten siehe Webseite).
Das gibt's: Größte Klosterbrauerei Deutschlands, die eine existierende Ordensgemeinschaft konzernunabhängig führt. Sie gehört den Benediktinern von St. Bonifaz in München und Andechs. Führungen Mo-Do ab 95 Euro, Schnapsverkostung Mo-Fr ab 70 Euro.

DIREKT DRAN

STELLPLATZ

Wohnmobil- & Wohnwagenstellplatz am Kloster Andechs

Seefelder Straße 21
82346 Andechs
☎ 0171/4967238
www.wohnmobilstellplatz-andechs.de

Unterhalb des Klosters Andechs, Distanz zur Brauerei: 0,1 km

GPS: 47°58'30.00"N/11°11'10.00"E

Platz: = 40 auf Wiese, Schotter. =40 (10 A) WC CHEM GRAU . Ganzjährig geöffnet.
Preis: 15 € inkl. aller Personen, Entsorgung, WC, Müll-Entsorgung, Hund. Strom 3 €/Tag, Wasser 1 €/100 l. Inkl. 1 Gutschein/Nacht (Wert: 3,20 €) für das Bräustüberl.
Distanz: Ⓗ 0,1 km, 0,1 km, 0,3 km, 1 km.
Gastro: Bräustüberl Kloster Andechs.
Freizeit: Mountainbiking, Minigolf, Surfen, Baden, Kloster- & Brauereibesichtigung 0,2 km, Ammersee 4 km.

POI: Wallfahrtsort Kloster Andechs 0,1 km.
Kontakt: Dominic Cloudt, Mobil: 0171/4967238, info@wohnmobilstellplatz-andechs.de, www.wohnmobilstellplatz-andechs.de

VEREINSBRAUEREI APOLDA

Topfmarkt 14
99510 Apolda
Tel.: 03644/848433
www.vereinsbrauerei-apolda.de
Öffnungszeiten: Mo-Fr 10:00-12:00 Uhr und 14:00-16:00 Uhr.
Das gibt's: Traditionsbrauerei seit 130 Jahren, Brauereiführungen nach telefonischer Absprache Sa 11:00-13:00 Uhr, Fanshop.

STELLPLATZ

Wohnmobilstellplatz an der Dreifeldsporthalle

Am Sportpark
99510 Apolda
☎ 03644/650100
www.apolda.de

An der Herressener Promenade, Distanz zur Brauerei: 0,6 km

GPS: 51°1'7.47"N/11°30'37.47"E

Platz: = 4 auf Asphalt, Rasengittersteinen. GRAU. Aufenthalt max. 1 Nacht. Platz beleuchtet, kein Schatten. Ganzjährig geöffnet.
Preis: 4 €. Strom 0,50 €/kWh, Wasser 1 €/l. Bezahlung am Parkscheinautomat.
Distanz: 0,5 km, 0,5 km, Ⓗ 0,8 km.
Freizeit: 0,3 km. Herressener Promenade, Lutherweg, Napoleon-Radweg.

POI: Kunsthaus Apolda Avantgarde, Lutherkirche, Glocken-Stadt-Museum, Kulturfabrik, Eiermannbau.
Kontakt: Tourist-Information, ☎ 03644/650100, tourismus@apolda.de, www.apolda.de

HOTELPARK STADTBRAUEREI ARNSTADT

Brauhausstraße 1-3
99310 Arnstadt
Tel.: 03628/607400
www.hotelpark-arnstadt.de
Öffnungszeiten: Mo-Sa 17:00-22:00 Uhr, So 11:30-14:30 Uhr und 17:00-21:00 Uhr.
Das gibt's: Hotelpark mit Stadtbrauerei, Programm rund ums Bier: Tour de Bier, Brauhausgelage, Bierathlon, Bier-3-Kampf, Brauhausführungen mit Verkostung auf Anfrage ab 9,90 Euro, Biergarten.

STELLPLATZ

Arnstädter Sport- und Freizeitbad am Wollmarkt

Wollmarkt 19
99310 Arnstadt
☎ 03628/603379
www.bad-arnstadt.de

Beim Bad am Fluss Gera,
Distanz zur Brauerei: 1,0 km

GPS: 50°50'5.56"N/10°57'15.21"E

Platz: = 4 auf Wiese. wird empfohlen. Anfahrt/Reservierung während der Bad-Öffnungszeiten: Montag-Freitag 8:00-22:00 Uhr, Samstag 9:00-20:00 Uhr, Sonntag/Feiertage 9:00-18:00 Uhr. Leinenpflicht für Hunde. Ganzjährig geöffnet. Im Juni/Juli 3-4 Wochen geschlossen.
Preis: 15 € inkl. Strom, Dusche, WC, Müll-Entsorgung. Gebühr inkl. Familienkarte für das Bad gültig (1h), Schlüsselpfand 30 €.
Distanz: Ⓗ 0,5 km, 0,5 km, 0,5 km, 1 km.
Freizeit: Wandern, Radfahren, Saunalandschaft im Bad.

POI: Schlossgarten mit Neideckruine, historische Innenstadt.
Kontakt: Arnstädter Sport- und Freizeitbad, ☎ 03628/603379, info@bad-arnstadt.de, www.bad-arnstadt.de

SCHLOSSBRÄU MARIAKIRCHEN

Obere Hofmark 3
94424 Arnstorf-Mariakirchen
Tel.: 08723/978899
www.schlossbraeu-mariakirchen.de
Öffnungszeiten: Mai bis September: Mo-Fr ab 16:00 Uhr, Sa ab 12:00 Uhr, So/Feiertag ab 11:00 Uhr. Oktober bis April: Mo-Sa ab 16:00 Uhr, So/Feiertag ab 11:00 Uhr.
Das gibt's: Hausbrauerei mit Wirtshaus und Biergarten, Brauereiführungen mit Bierkennerdiplom, Bierseminare mit Brotzeit, Veranstaltungen das ganze Jahr über.

DIREKT DRAN

STELLPLATZ

Schlossbräu Mariakirchen

Obere Hofmark 3
94424 Arnstorf-Mariakirchen
☎ 08723/978710
www.schlossbraeu-mariakirchen.de

Unter einer alten Eiche, mit Blick auf die Kolbachwiesen,
Distanz zur Brauerei: 0 km

GPS: 48°34'34.18"N/12°51'37.86"E

Platz: / = 4 auf Schotterrasen. =2 . R wird empfohlen. Ganzjährig geöffnet. Geschlossen: 22.12.-8.1.
Preis: 19 € inkl. Strom, Wasser, Dusche. Nutzung des Naturbads und Duschen im Hotel inkl. Sauna und Frühstücksbüfett gegen Aufpreis.
Distanz: , 0,3 km.

Gastro: Hausbrauerei mit bayerischer Küche. Frühstücksbüfett gegen Aufpreis.
Freizeit: Sauna, Naturbad.
POI: Wasserschloss zu Mariakirchen, Pfarrkirche Maria Himmelfahrt.
Kontakt: Schlossbräu Mariakirchen, ☎ 08723/978710, info@schloss-mariakirchen.de, www.schlossbraeu-mariakirchen.de

LOTTERS WIRTSCHAFT/HOTEL BLAUER ENGEL

Altmarkt 1
08280 Aue-Bad Schlema
Tel.: 03771/5920
www.hotel-blauerengel.de
Öffnungszeiten: Di-Sa ab 17:00 Uhr.
Das gibt's: Brauerei mit gemütlicher Wirtschaft und rustikalem Brauhauskeller, Biermuseum, Brauseminare ab 18 Euro.

STELLPLATZ

Wohnmobilstellplatz Anton-Günther-Platz

Thomas-Mann-Straße
08280 Aue-Bad Schlema
☎ 03771/281125
www.erzgebirge.de

Auf einem gemischten Parkplatz in Zentrumsnähe, Distanz zur Brauerei: 0,5 km

GPS: 50°35'11.43"N/12°41'47.13"E

Platz: = 2 auf Asphalt. . Aufenthalt max. 1 Nacht. Ganzjährig geöffnet. Ausnahme: 3. Woche im Juli oder bei Veranstaltungen.
Preis: Übernachtung gratis. Mo-Fr 8:00-18:00 Uhr 0,50 €/h, sonst gratis.

Distanz: 0,2 km, 0,2 km, 0,2 km, 0,4 km.
Kontakt: Stadtinformation, ☎ 03771/281125, stadtinformation@aue.de, www.erzgebirge.de

BRAUEREI REICHOLD

Hochstahl 24
91347 Aufseß
Tel.: 09204/271
www.brauerei-reichold.de
Öffnungszeiten: Gaststätte (nur Getränkeverkauf): So-So ganztägig geöffnet.
Das gibt's: Brauerei am Brauereien-Wanderweg der Gemeinde Aufseß.
Weitere Brauereien: Kathi-Bräu Heckenhof mit Stehausschank und kleinem Imbiss (2,3 km), Aufsesser Brauerei mit Gasthof und Brauereiführung (3,7 km), Brauerei Stadter mit Gasthof (7,8 km).

DIREKT DRAN

STELLPLATZ

Brauereienweg-Stellplatz Hochstahl

Hochstahl 24
91347 Aufseß
☎ 09204/271
www.reichold.de

An der Brauerei Reichold in Hochstahl, Distanz zur Brauerei: 0,2 km

GPS: 49°53'2.81"N/11°15'59.53"E

Platz: = 38 auf Wiese, Asphalt, Schotter, Pflaster. CHEM GRAU. Hundestation, WLAN im Gasthof. Ganzjährig geöffnet.
Preis: 10 € inkl. Entsorgung, Müll-Entsorgung, WLAN, WC. Strom 2 €, Wasser 1 €, Dusche 1 €.
Distanz: 3 km, , 3 km.
Gastro: Brötchenservice. Getränke im Gasthof.
Freizeit: 5 km, 6 km. Brauereienweg (4 Brauereigasthöfe innerhalb eines Tages zu Fuß erreichbar, nach 13,5 km gibt es eine Urkunde zum Fränkischen Ehrenbiertrinker der Weltrekordgemeinde Aufseß).

POI: Therme Obernsees-Mistelgau 7 km, Pottenstein 15 km, Bamberg 25 km.
Kontakt: Herr Hilmar Reichold, ☎ 09204/271, gasthof@reichold.de, www.reichold.de

RIEGELE BRAUWELT

Frölichstraße 26
86150 Augsburg
Tel.: 0821/32090
www.riegele.de
Öffnungszeiten: Wirtshaus: Mo-So 11:00-0:00 Uhr, Bierladen: Mo-Sa, 11:00-20:00 Uhr.
Das gibt's: Brauhaus mit historischen Grundsätzen, Gaststätte mit Biergarten, Braukurse ab 149 Euro, Brauereiführungen mit und ohne Brotzeit ab 7,90 Euro/21,90 Euro, Bierexperten-Seminar ab 28,90 Euro, Verkostungen, Veranstaltungen wie Bieriger Freitag ab 11,90 Euro, Bier-Flug, Bierakademie, Bierladen, Bierclub.

STELLPLATZ

Wohnmobilstellplatz Wertach

Bürgermeister-Ackermann-Straße 1
0821/551686
86152 Augsburg
www.augsburg-wohnmobil.de

Zentrale Lage, zwischen Straße und der Wertach, Distanz zur Brauerei: 0,8 km

GPS: 48°22'11.00"N/10°52'40.00"E

Platz: = 25 auf Schotter, Sand/Splitt. =16 (16 A) CHEM GRAU. Ganzjährig geöffnet.
Anfahrt: Zufahrt für Reisemobile bis 7,5 t.
Preis: 8 € inkl. aller Personen, Entsorgung. Strom 1 €/4 h, Wasser 1 €/100 l. 1 €/h bis max. 8 €/24 h. Bezahlung am Automaten.
Distanz: 0,1 km, weitere Restaurants in 0,1 km, 0,3 km, 0,3 km, 2 km.

Gastro: Fischerstuben.
Freizeit: 0,5 km, 0,6 km, 0,4 km.
POI: UNESCO-Weltkulturerbe Augsburger Wasserwirtschaft, Fuggerei, Rathaus, Dom, Augsburger Puppenkiste, Museen ab 1,5 km..
Kontakt: Werner Hardt, 0821/551686, info@augsburg-wohnmobil.de, www.augsburg.de

SCHLOSSBRAUEREI AULENDORF

Hauptstraße 30
88326 Aulendorf
Tel.: 07525/921350
www.schlossbrauerei-aulendorf.de
Öffnungszeiten: Wirtshaus: Mi-Sa ab 17:00 Uhr, So/Feiertag 11:30-14:00 Uhr und ab 17:00 Uhr, Mo-Di Ruhetag.
Das gibt's: Brauereibesichtigung ab 8 Euro, mit Bierverkostung ab 16 Euro, Brauseminar für 99 Euro, jeden zweiten Do 19:30 Uhr offene Brauereibesichtigung mit dem Bierbrauer für 5 Euro, Wirtshaus Schalander mit Biergarten.

STELLPLATZ

Schwaben-Therme

Ebisweilerstraße 5
88326 Aulendorf
07525/9350
www.schwaben-therme.de

Am Thermal- und Freizeitbad mit Alpenblick, Distanz zur Brauerei: 0,6 km

GPS: 47°57'27.28"N/9°38'12.30"E

Platz: = 20 auf Kiesel. . Ganzjährig geöffnet.
Preis: 10 €. Bezahlung am Parkscheinautomat, Münz- und Kartenzahlung möglich.
Distanz: , 0,8 km, 1 km, 1,5 km.
Gastro: Gastronomie in der Schwaben-Therme. Schlossbrauerei Aulendorf 0,6 km, Ferienhof Tiergarten 1,4 km.
Freizeit: 0,1 km. Massageanwendungen, Wellnesspauschalen, Wassergymnastik.

POI: Schlossmuseum Aulendorf 0,5 km, berühmte Dorfkirche in Steinhausen 12 km.
Kontakt: parkraumueberwachung.michel@web.de, www.parkraumueberwachung-michel.de

STADTPERLE

Kirchdorfer Straße
26603 Aurich
Tel.: 04941/9906923
www.stadtperle-aurich.de
Öffnungszeiten: Mi-So ab 17:00 Uhr, Mo und Di Ruhetag.
Das gibt's: Café, Restaurant, Probierbar und Lounge, Tanzbar, aber auch eigene Brauerei und Kaminlounge mit Bibliothek. Selbstgebraute Spezialbiere unter dem Namen Perlengold werden saisonabhängig serviert.

STELLPLATZ

Wohnmobilstellplatz am Wohlfühl- und Familienbad De Baalje

Am Ellernfeld 2
26603 Aurich
04941/124000
www.debaalje.de

Stellplatz direkt neben dem Bad, Distanz zur Brauerei: 0,3 km

GPS: 53°27'54.20"N/7°28'34.27"E

Platz: = 20 auf Sand/Splitt, Asphalt. WC CHEM GRAU. Stellplatztickets von Montag-Freitag von 6:30-20:30 Uhr, Samstag/Sonntag von 8:00-20:30 Uhr an der Badkasse. Duschen im Schwimmbad bei Vorlage der Quittung, WC im Foyer des Bades. Ganzjährig geöffnet.

Preis: 10 € inkl. aller Personen. Strom 1 €/ kWh, Wasser 1 €/100 l, Entsorgung 1 €, Duschen 1,50 €.

Distanz: 0,1 km, 0,5 km, 0,5 km, 0,5 km.

Freizeit: 0,3 km. Paddelstation 0,2 km, Boote am Hafen 0,3 km.

POI: Auricher Schloss 0,7 km, diverse Museen 1 km.

Kontakt: Martin Schmidt, 04941/124000, info@debaalje.de, www.debaalje.de

KLEINES BRAUHAUS AUF DER RHEINTERRASSE

Koblenzer Straße14-20
55422 Bacharach
Tel.: 06743/919179
www.rheintheater.de
Öffnungszeiten: Di-So täglich ab 12:00 Uhr, Mo Ruhetag, im Winter abweichende Öffnungszeiten.
Das gibt's: Theatergastronomie mit eigener Brauerei und Biergarten, dazu Musik und Theater, Theater- und Kellerführungen.

STELLPLATZ

Reisemobilplatz Camping Sonnenstrand

An der B9
55422 Bacharach
☎ 06743/1752
www.camping-sonnenstrand.de

Zentrumsnah, zwischen B9 und Rheinufer, Distanz zur Brauerei: 0,9 km

GPS: 50°3'13.00"N/7°46'22.00"E

Platz: = 33 auf Schotter. =33 (6 A) CHEM GRAU WC . Anmeldung an der Rezeption, Abreise bis 12:00 Uhr. Pro Platz max. 2 Hunde. Bahnlinie in der Nähe. Im Winter wegen Hochwassergefahr bedingt nutzbar. Ganzjährig geöffnet.
Preis: 11 € inkl. Entsorgung, WC, Müll-Entsorgung, WLAN, Kurtaxe. Strom 3 €, Wasser 1 €. Jede weitere Person (ab 14 Jahre) 2,50 €, Duschmarke 1 €.
Distanz: , weitere Restaurants in 0,3 km, 0,6 km, 0,8 km, Ⓗ 15 km.

Gastro: Auf dem Platz.
Freizeit: 12 km, 12 km. Weinbergwanderung, Weinproben in der Stadt, Schiffsanlegestelle 0,1 km.
POI: Altstadt 0,8 km, Burg Stahleck 1,5 km, Pfalz bei Kaub 2 km, Loreley 10 km, Mäuseturm Bingen 15 km.
Kontakt: Eric Schlüter, ☎ 06743/1752, info@camping-sonnenstrand.de, www.camping-rhein.de

KÖSTRITZER

Heinrich-Schütz-Straße 16
07586 Bad Köstritz
Tel.: 036605/2000
www.koestritzer.de
Öffnungszeiten: Fanshop: Mo und Do 15:00-17:00 Uhr, zusätzlich für Brauereibesichtgungen.
Das gibt's: Schwarzbierbrauerei erstmals 1543 erwähnt, Brauereibesichtigung mit Bierverkostung ab 10 Euro inklusive Thüringer Snack, Kurs: Zapfen am Biermichel für zehn Personen 120 Euro.

STELLPLATZ

Stellplatz am Sommerbad

Heinrich-Schütz-Straße 4
07586 Bad Köstritz
☎ 036605/88145
www.stadt-bad-koestritz.de

Parkfläche neben dem Freizeit- und Erholungsbad, Distanz zur Brauerei: 0,8 km

GPS: 50°56'1.91"N/12°0'41.35"E

Platz: = 2 auf Sand/Splitt. Aufenthalt max. 24 h. Kein Service. Ganzjährig geöffnet.
Preis: Übernachtung gratis.
Freizeit: Wandern/Angeln an der Elster.

POI: Heinrich-Schütz-Haus, Dahlien-Zentrum, archäologisch-geschichtlicher Lehrpfad.
Kontakt: Stadtverwaltung Bad Köstritz, Anne-Cathrin Ritschel, ☎ 036605/88145, anne-cathrin.ritschel@stadt-bad-koestritz.de, www.stadt-bad-koestritz.de

BRAUWERK – IM BAD KREUZNACHER SALINENTAL

Saline Karlshalle 11
55543 Bad Kreuznach
Tel.: 0671/29843330
www.braunundroethgastronomie.com
Öffnungszeiten: Mo-Sa ab 11:00 Uhr/So ab 10:00 Uhr.
Das gibt's: Brauhaus mit Biergarten neben einem Gradierwerk, das Bier heißt passend Salinenbräu. Brauereiführung mit Bierprobe und Vesper ab 6 Euro, Viererlei-Bierprobe ab 10,30 Euro, Braukurs mit Seminar, Verkostung und Mittagessen ab 89 Euro, kleiner Braukurs ab 45 Euro, Termine siehe Webseite.

DIREKT DRAN

STELLPLATZ

Stellplatz Salinental

Saline Karlshalle 11
55543 Bad Kreuznach
☎ 0671/29843330
www.braunundroethgastronomie.com

An der Nahe in unmittelbarer Nähe zum Gradierwerk mit direktem Zugang zur Roseninsel, Distanz zur Brauerei: 0,1 km

GPS: 49°49'41.01"N/7°50'59.11"E

Platz: = 30 auf Sand/Splitt, Wiese. =32 (13 A) WC CHEM. Abfrage freier Stellplätze unter Tel.: 0671/29843330. Ganzjährig geöffnet.
Preis: 18 € inkl. Strom, Entsorgung, WC, Kurtaxe, WLAN. Frischwasser und Dusche gegen Gebühr.
Distanz: 0,2 km, 0,5 km, 1 km, 1,8 km.
Gastro: Brauhaus mit Speisewirtschaft und großem Außenbereich.
Freizeit: 0,2 km, 1,8 km, 0,8 km. Organisierte Bootstouren, Theater und Konzerte, Salinental (größtes Freiluft-Inhalatorium Europas mit Gradierwerkanlagen), Kurgebiet mit Parkanlagen, Rittermahl auf der Kauzenburg, Boule- und Minigolfanlagen 1 km, Crucenia Thermen 1,7 km.
POI: Museen im Rittergut Bangert (Schlossparkmuseum, Römerhalle, Museum für Puppentheaterkultur) 1,5 km, Rotenfels, Rheingrafenstein 2 km, Schmittenstollen/Quecksilberbergwerk 2,5 km, Brückenhäuser 2,8 km.
Kontakt: Stellplatz Salinental, ☎ 0671/29843330, www.braunundroethgastronomie.com

BRAUEREI BOSCH

Steinackerstraße 15
57334 Bad Laasphe
Tel.: 02752/47620
www.brauerei-bosch.de
Öffnungszeiten: Brauerei: Mo-Fr 7:30-16:00 Uhr, Brauereiausschank Brauhaus zur Sonne: Mo-So 11:30-23:00 Uhr.
Das gibt's: Älteste Familienbrauerei Nordrhein-Westfalens, Brauereibesichtigung ab 16,90 Euro mit Besuch des Reifekellers von 1906 und Pils-Verkostung vom historischen Reifetank, anschließend Besuch des Brauhaus zur Sonne (2 Bier à 0,3 l inklusive), Bierclub, Braukurse, Shop.

STELLPLATZ

Reisemobilstellplatz Mühlenstraße

Mühlenstraße 30a
57334 Bad Laasphe
☎ 02752/898
www.bad-laasphe.de

An der Lahn, in zentraler Lage in der Nähe der Altstadt, Distanz zur Brauerei: 0,9 km

GPS: 50°55'27.58"N/8°24'42.56"E

Platz: P = 7 auf Pflaster. =7 CHEM GRAU. Sitzecke. VE in 0,1 km am Ende der Sackgasse. Uneingeschränkter SAT-Empfang, am Wochenende bis zu 7 Zusatzplätze auf dem PKW-Parkplatz am Rathaus. Ganzjährig geöffnet.
Preis: 9 € inkl. Entsorgung, Müll-Entsorgung. Strom 0,50 €/ kWh, Wasser 0,50 €/80 l, Kurtaxe 1,70 €.
Distanz: Ⓗ 0,3 km, 0,3 km, 0,3 km, 1 km.
Gastro: Eisdiele, Bäckereien mit Café in der Nähe. Restaurants mit regionaler und mediterraner Küche fußläufig erreichbar.

Freizeit: 0,6 km. Museumsführung, Rothaarsteigspur Ilsetalpfad, Mythen/Sagenweg, Lahnwanderweg, Bad Laaspher Bierwegelchen.
POI: Altstadt 0,5 km, Pilz/Radiomuseum 0,5 km, Industriemuseum 1 km, Heimatmuseum Banfe 6 km, Heimatmuseum Feudingen 10 km.
Kontakt: TKS Bad Laasphe, Manuela Spies, ☎ 02752/898, info@tourismus-badlaasphe.de, www.bad-laasphe.de

BAD LOBENSTEINER DESTILLERIE & MARKTBRAUEREI

Markt 24
07356 Bad Lobenstein
Tel.: 036651/2114
www.hotel-marktbrauerei.com
Öffnungszeiten: Mo-Sa 17:00-21:00 Uhr, So 11:30-14:00 Uhr.
Das gibt's: Destillerie und Marktbrauerei, Brauanlage in der Gaststätte, Bier-Trabant, Veranstaltungen rund um die Anlage im Zentrum der Stadt.

STELLPLATZ

Wohnmobilstellplatz Ardesia Therme

Parkstraße 8
07356 Bad Lobenstein
☎ 036651/3939100
www.ardesia-therme.de

In der Ortsmitte bei der Therme am Kurpark, Distanz zur Brauerei: 0,6 km

GPS: 50°26'57.00"N/11°38'31.00"E

Platz: = 10 auf Wiese, Asphalt. WC CHEM. Anfahrt 8:00-22:00 Uhr. Tagsüber WC in der Therme. Ganzjährig geöffnet. Ausnahme: 24.12. und letzte volle Juni-Woche.
Preis: 5 € inkl. Wasser, Entsorgung, WC, WLAN. Strom 0,50 €/ kWh, Dusche 3 €, Kurtaxe ab der 1. Nacht 2 €.
Distanz: , , weitere Restaurants in 0,5 km, Ⓗ 0,3 km, 0,5 km.

Gastro: Caféteria, geöffnet von 8:00-21:00 Uhr.
Freizeit: 0,5 km. Moorbad und Sauna, Thermalbad, Fahrgastschifffahrt 12 km.
POI: Altstadt Bad Lobenstein mit altem Turm, neuem Schloss und alter Wache 0,5 km, Heinrichshütte 8 km, Bleilochtalsperre 10 km, Schloss Burgk 17 km.
Kontakt: ☎ 036651/3939100, info@ardesia-therme.de, www.ardesia-therme.de

SCHUSSENRIEDER BRAUEREI OTT

Wilhelm-Schussen-Straße 12
88427 Bad Schussenried
Tel.: 07583/4040
www.schussenrieder.de
Öffnungszeiten: Brauerei: Mo-Fr 8:00-16:30 Uhr, Museum: Mi-So 11:00-17:00 Uhr, Brauereigaststätte: Mi-So ab 11:00 Uhr, Mo-Di Ruhetag.
Das gibt's: Brauereiführungen: Erlebnispaket 1,5 Stunden mit Brauereiführung und Bierkrugmuseum ab 12 Euro, Brauereiführung 45 Minuten ab 7,50 Euro für Gruppen ab 15 Personen, jeweils samt einer Halben Schussenrieder, Bierkrugmuseum ab 4,50 Euro pro Person.

DIREKT DRAN

STELLPLATZ

Schussenrieder Bierkrugmuseum

Wilhelm-Schussen-Straße 12
88427 Bad Schussenried
☎ 07583/40411
www.schussenrieder.de

Hinter der Brauereigaststätte mit Museum, Distanz zur Brauerei: 0,3 km

GPS: 48°0'11.79"N/9°39'34.44"E

Platz: = 50 auf Asphalt, Schotter. =16 (4 A) CHEM GRAU . Keine Müll-Entsorgung, Entsorgung: Entleerung nur mit Schlauch. WLAN nur in der Gaststätte. Ganzjährig geöffnet.
Preis: 12 € inkl. aller Personen, WLAN. Strom 1 €/2 kWh, Entsorgung 1 €/80 l. Inklusive 2 € Verzehrgutschein.
Distanz: 0 km, Ⓗ 0 km, 0 km, 0,1 km.
Gastro: Warme Küche Di-So ab 11:00 Uhr.
Freizeit: 2 km, 5 km, 2 km. Führung durch das Museum und die Brauerei, Museum Mo+Di geschlossen, Veranstaltungskalender und Öffnungszeiten siehe Website, Schwaben-Therme Aulendorf 5 km, Federsee 7 km.

POI: Dorfkirche Steinhausen 4 km, Kreisfreilichtmuseum Kürnbach 4 km, Schloss Aulendorf 5 km.
Kontakt: Schussenrieder Brauerei Ott, ☎ 07583/40411, info@schussenrieder.de, www.schussenrieder.de

DENKMALZ/DISIBODENBERGER BRAUHAUS

Kapellenstraße 5
55566 Bad Sobernheim
Tel.: 06751/8577080
www.denkmalz.de
Öffnungszeiten: Fr-Sa 17:00-23:00 Uhr, So zusätzlich 11:30-14:30 Uhr, 17:00-23:00 Uhr, Biergarten: Mi-Fr 17:00-23:00 Uhr, Sa ab 14:00 Uhr, So ab 12:00 Uhr, Verkauf: Fr 16:00-18:00 Uhr, Sa 11:00-13:00 Uhr.
Das gibt's: Brauerei mit überdachtem und beheiztem Biergarten, Shop, Kapellenküche in 500 Jahre alter Kapelle. Gläserne Craftbierbrauerei im Gewölbekeller, Besichtigungen ab 15 Euro, Craftbiertastings ab 29 Euro.

STELLPLATZ

Am Nohfels

Hömigweg 1
55566 Bad Sobernheim
☎ 0160/3010039
www.nohfels-park.de

Am Stadtrand bei einer Minigolfanlage an der Nahe, Distanz zur Brauerei: 1 km

GPS: 49°46'44.61"N/7°39'28.83"E

Platz: = 80 auf Sand/Splitt, Wiese, Schotter, Rasengittersteinen. =40 (16 A) CHEM GRAU. Anmeldung im Restaurant-Café oder telefonisch ab 9:00 Uhr. Ganzjährig geöffnet.
Preis: 12 € inkl. aller Personen, Entsorgung, Müll-Entsorgung, Kurtaxe, WLAN, Hund. Strom 4 €, Wasser 1 €/80 l.
Distanz: Ⓗ 0,8 km, 1 km, 1 km, 0,7 km, weitere Restaurants in 1 km.
Gastro: Kapellenbrauerei/Biergarten Denkmalz 1 km. Restaurant/Café am Platz, Mo-Mi 11:00-19:00 Uhr, Do-Sa 11:00-23:00 Uhr, So 11:00-21:00 Uhr, Brötchenservice.
Freizeit: 0,8 km, 0,3 km. Barfußpfad, Wellness/Kurangebote 0,4 km, Draisinen-Fahrstrecke in Staudernheim 2,5 km.
POI: Ev. Matthiaskirche 1 km, Heimatmuseum Priorhof 1,5 km, Klosterruine Disibodenberg 3 km, Brückenhäuser Bad Kreuznach 16 km, Edelsteinmine Idar-Oberstein 25 km.
Kontakt: Frau Nitsch, ☎ 0160/3010039, info@nohfels-park.de, www.nohfels-park.de

TÖLZER BINDERBRÄU

Ludwigstraße 12
83646 Bad Tölz
Tel.: 08041/2609
www.toelzer-binderbraeu.de
Öffnungszeiten: Mi-Do 10:30-22:00 Uhr, Fr-Sa 10:30-23:00 Uhr, So 10:00-18:00 Uhr, Mo/Di Ruhetag.
Das gibt's: Bayerische Wirtshauskultur mit selbstgebrautem Bier, frische, alpenländischer Küche, Biergarten, Museum, Bräuhausmusi, Wirtshausspiele zu besonderen Terminen.

STELLPLATZ

Wohnmobilstation an der Isarpromenade

Königsdorfer Straße
83646 Bad Tölz
☎ 08041/78670
www.bad-toelz.de

Stellplatz an der Isarpromenade, Distanz zur Brauerei: 0,8 km

GPS: 47°45'47.66"N/11°32'59.50"E

Platz: P = 30 auf Schotter. WC CHEM GRAU. Aufenthalt max. 2 Nächte, WC-Anlage wird um 19:00 Uhr geschlossen. Ganzjährig geöffnet.

Preis: 8 € inkl. Entsorgung, WC, Kurtaxe. Wasser 1 €/50 l.

Distanz: , weitere Restaurants in 0,5 km, Ⓗ 0,1 km, 0,5 km, 1 km.

Gastro: Brötchenservice siehe Schautafeln im Bereich der Entsorgungsstation, Tölzer Binderbräu in 0,8 km.

Freizeit: 2 km, 1 km, 1 km. Konzerte (Tölzer Knabenchor), Auf den Spuren des Bullen von Tölz, Kreativ-Angebote, Veranstaltungen im Kurhaus 1 km, Naturfreibad Eichmühle 2 km, Kletterhalle 2,5 km, Eisstadion RSS-Arena 2,5 km.

POI: Stadtmuseum 1 km, Handwerkersiedlung Gries 1 km, Franziskanerkloster mit Klostergarten 1 km, hist. Marktstraße 1 km, Kalvarienbergkirche 2 km.

Kontakt: Tourist-Information, ☎ 08041/78670, info@bad-toelz.de, www.bad-toelz.de

BRAUHAUS KNALLHÜTTE/HESSISCHES LÖWENBIER

Knallhütte
34225 Baunatal
Tel.: 0561/492076
www.brauhaus-knallhuette.de
Öffnungszeiten: Mo-Mi geschlossen, Do-So 11.30-23:00 Uhr.
Das gibt's: Biergarten, Do Schnitzeljagd im Brauhaus, Sonntagsbrunch an jedem 1. und 3. So, Mittagsbuffet.

DIREKT DRAN

STELLPLATZ

Brauhaus Knallhütte

Knallhütte 1
34225 Baunatal
☎ 0561/87050462
www.brauhaus-knallhuette.de

Auf dem Parkplatz des Brauhauses Knallhütte, Distanz zur Brauerei: 0 km

GPS: 51°15'40.68"N/9°26'57.84"E

Platz: Wohnmobil/Pkw mit Wohnwagen = 5 auf Asphalt. Hund. Ganzjährig geöffnet.
Preis: Für Restaurantgäste kostenlos. Einkehr obligatorisch.
Gastro: Brauhaus Knallhütte mit Biergarten. Mo-Mi Ruhetag, Do-Sa 11:00-23:00 Uhr, So 10:00-21:00 Uhr. Events rund ums Bier.

Freizeit: Brauereibesichtigung mit Bierverkostung.
Kontakt: Herr König, ☎ 0561/87050462, brauhausknallhuette@gmail.com, www.brauhaus-knallhuette.de

BRAUHAUS STIEFEL-JÜRGENS

Hühlstraße 4-6
59269 Beckum
Tel.: 02521/3351
www.stiefel-juergens.de
Öffnungszeiten: Mi und Sa Frühschoppen 11:00 Uhr, Di-So 17:00-24:00 Uhr.
Das gibt's: Älteste Brauerei Westfalens, Mi und Sa 11:00 Uhr: Markttage im Brauhaus, Brauereibesichtigung nach Vereinbarung, Biergarten.

STELLPLATZ

Parkplatz am Hallenbad

Paterweg 4
59269 Beckum
☎ 02521/290
www.beckum.de

Auf dem Parkplatz am Hallenbad Beckum, Distanz zur Brauerei: 0,8 km

GPS: 51°45'5.19"N/8°2'6.49"E

Platz: P = 3 auf Pflaster. WC CHEM. Offene Feuerstellen sind verboten. Dusche/WC im Hallenbad zu den Öffnungszeiten gegen Gebühr. Ganzjährig geöffnet.
Preis: Übernachtung gratis. Strom 0,50 €/ kWh, Wasser 0,50 €/100 l.
Distanz: 0,6 km, 0,7 km, 0,8 km, weitere Restaurants in 1 km.

Freizeit: 0,1 km, 0,1 km. Schwimmen, Zementroute Beckum 0,1 km, Werse-Rad-Weg 0,5 km, Badesee Tuttenbrock 4 km.
POI: Stadtmuseum 0,8 km, Höxberg Wildgehege 3 km, Phönix-Park 3,4 km.
Kontakt: Hallenbad Beckum, ☎ 02521/290, stadt@beckum.de, www.beckum.de

BELLHEIMER BRAUEREI

Karl-Silbernagel-Straße 22-24
76756 Bellheim
Tel.: 07272/7010
www.bellheimer.de
Öffnungszeiten: Besichtigung Mo-Fr 10:00-17:00 Uhr.
Das gibt's: Traditionsreiche Brauerei, Besichtigung für 7 Euro samt kleinem Imbiss, Getränken aus der Brauerei und ein Bellheimer Souvenir.

STELLPLATZ

Wohnmobilplatz am Tennisclub

Auchtweide
76756 Bellheim
☎ 0172/7277063
franz-josef.werner@superkabel.de

Auf dem Parkplatz des Tennisclubs hinter dem Schwimmpark, Distanz zur Brauerei: 1,1 km

GPS: 49°11'43.16"N/8°16'29.38"E

Platz: = 8 auf Schotter, Asphalt. WC. Geöffnet: Mai-Oktober, Aufenthalt nach Vereinbarung.
Preis: 6 € inkl. Strom, Wasser, WC, Müll-Entsorgung. Dusche 2 €/Person.
Distanz: , 0,5 km, 0,5 km, Ⓗ 1 km.
Gastro: Restaurant im Clubhaus, weitere Restaurants sind fußläufig erreichbar.

Freizeit: 0,2 km. Tennis und Boule spielen nach Anmeldung, 0,2 km.
POI: Germersheim mit Rhein und Festung 10 km, Speyer 20 km.
Anfahrt: Angabe Navi: Postgrabenstraße.
Kontakt: TC Grün-Weiß Bellheim e.V., Franz-Josef Werner, ☎ 0172/7277063, Mobil: 0173/8789021, franz-josef.werner@superkabel.de

BRAUEREIGASTHOF WINKLER

Reichenauplatz 22
92334 Berching
Tel.: 08462/27331
www.winkler-berching.de
Öffnungszeiten: Mi und So 11.00-14:00 Uhr, Mo und Mi-Sa 17.00-23:00 Uhr, Di Ruhetag.
Das gibt's: Gemütlicher Brauereigasthof, viele Biersorten, Slow Food, Brauerei seit 1826, Brauereibesichtigung.

STELLPLATZ

Wohnmobilstellplatz an der Schiffsanlegestelle

Uferpromenade 3
92334 Berching
☎ 08462/20513
www.berching.de

An der Schiffsanlegestelle am Main-Donau-Kanal, 200 m vor der Altstadt, Distanz zur Brauerei: 0,5 km

GPS: 49°6'36.00"N/11°26'19.00"E

Platz: = 15 auf Schotterrasen, Rasengittersteinen. WC CHEM GRAU. Leinenpflicht für Hunde, VE u. WC Apr-Okt. Ganzjährig geöffnet. Außer bei Veranstaltungen.
Preis: Ab 7 € inkl. Entsorgung, WC, Müll-Entsorgung. Strom 1 €/8 h, Wasser 1 €/100 l. Staffelpreise: 7 €/Tag, 14 €/2 Tage, 18 €/3 Tage.
Distanz: , weitere Restaurants in 0,2 km, 0,2 km, Ⓗ 0,5 km, 0,5 km.

Gastro: Restaurants und Biergarten in der Altstadt. Imbiss an der Schiffsanlegestelle.
Freizeit: 0,5 km, 0,5 km, 0,5 km. Kulturprogramm, Schifffahrt auf dem Main-Donau-Kanal, Tal der Weißen Laaber 5 km.
POI: Mittelalterliche Altstadt 0,2 km, Heimat- und Gluckmuseum an der Johannisbrücke 0,6 km, Kloster Plankstetten 5 km.
Kontakt: Stadt Berching, ☎ 08462/20513, tourismus@berching.de, www.berching.de

KLOSTERBRAUEREI MACHERN

An Zeltinger Brücke
54470 Bernkastel-Kues
Tel.: 06532/954994
www.klosterbrauerei-machern.de
Öffnungszeiten: Fr und Sa 12:00-17:00 Uhr. Januar geschlossen.
Das gibt's: Brauhaus Kloster Machern mit Weincabinet, Puppen- und Spielzeugmuseum, saisonale Bierspezialitäten, Klostercafé.

STELLPLATZ

Wohnmobilstellplatz Zeltingen

An der Brücke
54492 Zeltingen-Rachtig
☎ 06532/2404
www.zeltingen-rachtig.de

Mit Blick auf die Mosel und auf die Stadt, Distanz zur Brauerei: 1,0 km

GPS: 49°57'17.08"N/7°0'35.18"E

Platz: = 45 auf Schotterrasen. CHEM GRAU . Leinenpflicht für Hunde. Geöffnet: März-November, je nach Wetterlage/Hochwasserstand.

Preis: 12 € inkl. Strom, Wasser, Entsorgung, Müll-Entsorgung, WLAN.

Distanz: 0,1 km, 0,2 km, weitere Restaurants in 0,6 km, 0,5 km, 0,5 km.

Freizeit: 9 km, 6,6 km, 0,1 km. Minigolf, Gleitschirmfliegen, Weinproben/-wanderungen.

POI: Historischer Marktplatz, Sortengarten, Schiffsanleger/Haltestelle Radelbusse, Kulturweg, Fachwerkhäuser, Bernkastel-Kues 6 km, Traben-Trarbach 16 km.

Kontakt: Tourist-Info Zeltingen-Rachtig, Elke Schwaab, ☎ 06532/2404, info@zeltingen-rachtig.de, www.zeltingen-rachtig.de

KLINGENSTEINER GASTRONOMIE

Ulmer Straße 39
89134 Blaustein
Tel.: 07304/436990
www.klingenstein.online
Öffnungszeiten: Täglich 17:00-22:00 Uhr, So und Feiertag 11:00-22:00 Uhr.
Das gibt's: Wirtshaus mit Brauerei, auch für Craftbeer, Biergarten, Brauerei-Shop.

STELLPLATZ

Stellplatz am Freizeitbad Bad Blau

Boschstraße 12
89134 Blaustein-Ehrenstein
☎ 07304/4369614
www.blaustein.de

Auf dem Parkplatz des Freizeitbades, Distanz zur Brauerei: 0,9 km

GPS: 48°25'0.97"N/9°55'4.37"E

Platz: = 3 auf Schotter. WC gegen Gebühr zu den Bad-Öffnungszeiten. Bahnlinie in Hörweite. Ganzjährig geöffnet.
Preis: Übernachtung gratis.
Distanz: , weitere Restaurants in 0,5 km, Ⓗ 0,5 km, 0,5 km, 0,5 km.
Gastro: Bistro im Freizeitbad, Lixpark-Gaststätte.
Freizeit: 7 km. Besuch der Bade- und Saunalandschaft Bad Blau 0,1 km.

POI: UNESCO-Welterbe Steinzeitdorf-Ehrenstein, Museum Lebenslinien in der Villa Lindenhof, Ulmer Münster 7 km, Blautopf Blaubeuren 13 km.
Kontakt: Tourismus Stadt Blaustein, ☎ 07304/4369614, 07304/4369636, tourismus@blaustein.de, www.blaustein.de

BLECKEDER BRAUHAUS

Breite Straße 20
21354 Bleckede
Tel.: 05852/500
www.brauerei-bleckede.de
Öffnungszeiten: Brauhaus Di-Fr 15:00-22:00 Uhr, Sa und So 10:00-22:00 Uhr.
Das gibt's: Brauerei mit Restaurant, Glasmuseum, Biergarten und Clubraum.

STELLPLATZ

Wohnmobilstellplatz Bleckede

Schützenweg 1
21354 Bleckede
www.bleckede-tourismus.de

Am Schlosspark zwischen Zentrum und Hafen, Distanz zur Brauerei: 0,7 km

GPS: 53°17'42.64"N/10°43'58.79"E

Platz: = 20 auf Schotterrasen. . Aufenthalt max. 1 Tag. Ganzjährig geöffnet.
Preis: Übernachtung gratis.
Distanz: 0,1 km, weitere Restaurants in 0,5 km, 0,2 km, 0,3 km, 0,5 km.
Freizeit: 7 km. Rad- und Wanderwege in die Elbtalaue 0,5 km, Draisine-Fahrten 7 km.

POI: Altstadt Bleckede 0,3 km, Biosphaerium Elbtalaue 0,3 km, Aussichtspunkt Viehler Höhe 7 km, Findlingsring in Breetze 8 km, Rundwanderweg Jungsteinzeitgräber im Schieringer Forst 9 km.
Kontakt: www.bleckede-tourismus.de

ADAM-BRÄU

Bahnhofstraße 49-53
94249 Bodenmais
Tel.: 09924/94000
www.adam-braeu.de
Öffnungszeiten: Täglich Frühstück 9:00-11:00 Uhr, Küche 11:00-21:00 Uhr, Brauerei-Shop 6:30-18:00 Uhr.
Das gibt's: Hotel mit Brauereigasthof, naturtrübe Biere, Shop, Brauereiführung mir Bierverprobung Di 16:00 Uhr und Fr 11:00 Uhr (außer Feiertag) für 5 Euro pro Person.

STELLPLATZ

Reisemobilstellplatz Bodenmais

Kötztinger Straße 37
94249 Bodenmais
☎ 09924/778135
www.bodenmais.de

Im Bayerischen Wald, am Rande des öffentlichen Parkplatzes, leicht geneigte Stellflächen, Distanz zur Brauerei: 0,9 km

GPS: 49°4'16.21"N/13°5'31.96"E

Platz: = 12 auf Asphalt. CHEM GRAU. Ganzjährig geöffnet.
Preis: 10 € inkl. Entsorgung. Strom 0,50 €/ kWh, Wasser 0,50 €/100 l, Kurtaxe 2,50 €. Kurtaxe Kind 1,30 €. Bezahlung am Parkautomaten, Kartenzahlung möglich.
Distanz: 0,1 km, (H) 0,3 km, 0,3 km, 0,3 km, weitere Restaurants in 0,5 km.
Gastro: Zahlreiche Betriebe in unmittelbarer Nähe. Brauerei Adam Bräu in 0,9 km.
Freizeit: 0,3 km, 0,5 km, 0,5 km. Bogenschießen, Feriendialyse möglich, Sesselbahn/ Abenteuer-Spielplatz, Rodelbahn, Tennis, Vital-Zentrum, Golf, Joska Glasparadies 1 km.
POI: Silberbergwerk Bodenmais, Passau.
Kontakt: Bodenmais Tourismus & Marketing GmbH, ☎ 09924/778135, info@bodenmais.de, www.bodenmais.de

SCHADT'S BRAUEREI GASTHAUS

Marstall 2/Höhe 28
38100 Braunschweig
Tel.: 0531/400349
https://schadts-brauerei-gasthaus.de
Öffnungszeiten: Mo 17:00-22/23:00 Uhr, Di-Sa 12:00-23/24:00 Uhr, So geschlossen.
Das gibt's: Brauereigasthaus, Brauereiführung mit Getränk, Braunschweiger Bierbraten und Hopfendiplom nach telefonischer Anmeldung.

STELLPLATZ

Stellplatz Braunschweig
Theodor-Heuss-Straße
38122 Braunschweig
☎ 0531/4703908
www.braunschweig.de

Nördlich vom Messegelände in Autobahnnähe, im Süden der Stadt, Distanz zur Brauerei: 1,3 km

GPS: 52°14'59.17"N/10°31'9.87"E

Platz: = 16 auf Sand/Splitt. =6 (16 A) CHEM GRAU. Aufenthalt max. 2 Nächte. Ganzjährig geöffnet.
Preis: 5 € inkl. aller Personen, Entsorgung. Strom 1 €/8 h, Wasser 1 €/10 min. Bezahlung der Stellplatzgebühr am Parkscheinautomat per Münzeinwurf oder EC-Karte.
Distanz: Ⓗ 0,1 km, 0,8 km, 1,5 km.
Gastro: Mehrere Restaurants ab 1 km.

Freizeit: 1 km, 1 km. Internationale Sportveranstaltungen, Bootsfahrt, Theaterbesuch, Stadtführung, Erholungsgebiet Südsee 1,8 km.
POI: Hist. Innenstadt mit Burg und Burgplatz, Dom, Altstadtmarkt und Altstadtrathaus sowie Gewandhaus 2 km.
Kontakt: Stadt Braunschweig, ☎ 0531/4706565, liegenschaften@braunschweig.de, www.braunschweig.de

HOFFBRUHUUS HEIDHOFF

Ziegenberg 22
27305 Bruchhausen-Vilsen-Oerdinghausen
Tel.: 04247/322
www.hoffbruhuus.de
Öffnungszeiten: nach Absprache für Gesellschaften ab 100 Personen.
Das gibt's: Erlebnisgastro mit eigener Brauerei, Gasthof, Bierfeste, Spargelessen, Grünkohlessen, Oster- und Weihnachtsbrunch, Silvesterparty, Vilsener Pilsener im 7er-Bucket mit Eis.

DIREKT DRAN

STELLPLATZ

Hoffbruhuus Heidhoff

Ziegenberg 22
27305 Bruchhausen-Vilsen-Oerdinghausen
☎ 04247/322
www.hoffbruhuus.de

Auf dem Hof der Brauerei am Waldrand, Distanz zur Brauerei: 0 km

GPS: 52°45'19.93"N/8°54'26.12"E

Platz: / = 3 auf Wiese. WC. R. Vorherige telefonische Anmeldung erbeten. Ganzjährig geöffnet.
Preis: 19 € inkl. Wasser, WC, Hund. Jede weitere Person 6 €, Kind (bis 3 Jahre) gratis, Kind (4-15 Jahre) 3,50 €, Strom 0,50 €/kWh.

Distanz: 4 km, 5 km, 6 km.
Freizeit: Kloster Heiligenberg, Kinderspielparadies Ballorig in Sulingen.
POI: Museumseisenbahn 5 km, Automuseum 8 km.
Kontakt: Cord Heidhoff, ☎ 04247/322, info@hoffbruhuus.de, www.hoffbruhuus.de

RATSKELLER BUXTEHUDE

Breite Straße 2
21614 Buxtehude
Tel.: 04161/7529967
www.ratskeller-buxtehude.de
Öffnungszeiten: Mo, Mi und Do 12:00-22:00 Uhr, Fr und Sa 12:00-23:00 Uhr, So 12:00-21:00 Uhr.
Das gibt's: Ratskeller mit Brauerei, Speisen: vom Burger über Flammkuchen bis ofenfrische Haxe und Roulade.

STELLPLATZ

Stellplatz am Wassersportverein

Am Hafen 5
21614 Buxtehude
☎ 0174/4611747
www.bwvhansa.de

Mit Blick auf die Altstadt, Distanz zur Brauerei: 0,5 km

GPS: 53°28'44.81"N/9°42'14.32"E

Platz: = 5 auf Pflaster, Wiese. WC CHEM GRAU. Leinenpflicht für Hunde. Gelände umzäunt. Ganzjährig geöffnet.
Preis: 15 € inkl. Strom, Wasser, Entsorgung, Dusche, WC.
Distanz: Ⓗ 0,2 km, 0,3 km, 0,3 km.

Freizeit: Kanusteg, Rad- und Wanderwege.
POI: Museum für Regionalgeschichte und Kunst 0,7 km.
Kontakt: Buxtehuder Wassersportverein Hansa e.V., ☎ 0174/4611747, info@bwvhansa.de, www.bwvhansa.de

LANDBRAUEREI HACKER

Adestorfer Weg 1
21614 Buxtehude
Tel.: 0179/432549
immenbecker.de
Öffnungszeiten: Di-Do 9:00-18:00 Uhr, Fr 9:00-12:00 Uhr
Das gibt's: Brauerei in einem Gutshof, Brauereiführung mit Verkostung 12,50 Euro, Verkostung ohne Führung 7,50 Euro, Brautag 89,90 Euro, Kuhstall zum Feiern für Gruppen.

STELLPLATZ

Wohnmobilstellplatz Schützenplatz

Genslerweg
21614 Buxtehude
☎ 04161/5012345
www.buxtehude.de

Ruhige und zentrale Lage unter Bäumen an der Este, Distanz zur Brauerei: 5,4 km

GPS: 53°28'17.00"N/9°41'43.00"E

Platz: = 30 auf Sand/Splitt, Schotter. =36 CHEM GRAU . Aufenthalt max. 3 Nächte. Ganzjährig geöffnet. Ausnahmen: Sperrungen bei Messen/Veranstaltungen, Termine siehe Webseite.
Preis: 5 € inkl. aller Personen, Entsorgung, WLAN. Strom 1 €/2 kWh, Wasser 1 €/80 l.
Distanz: , 0,1 km, weitere Restaurants in 0,2 km, Ⓗ 0,5 km, 0,1 km.
Gastro: Mehrere Restaurants im Ort.

Freizeit: 1,5 km, 0,8 km, 2 km. Schifffahrt auf der Este und Elbe, Deichspaziergänge, Nachtwächterrundgang, Wandern, Altstadtführungen, Radfahren, Boßeln, 2 Golfplätze 5 km.
POI: Museum für Regionalgeschichte und Kunst, Altstadt mit Fachwerkhäusern und Flethanlage 0,5 km, Ovelgönner Wassermühle 5 km.
Kontakt: Hansestadt Buxtehude, Servicecenter Kultur & Tourismus, ☎ 04161/5012345, stadtinfo@stadt.buxtehude.de, www.buxtehude.de

BRAUHAUS ZU COBURG

Nägleinsgasse 4
96450 Coburg
Tel.: 09561/7059192
www.brauhaus-coburg.de
Öffnungszeiten: Brauhaus: täglich ab 11:00 Uhr, Brauhaus-Stadl: täglich ab 17:00 Uhr, Biergarten: Mai-September.
Das gibt's: Biermanufaktur mit Brauerei im Brauhaus, die nur für den eigenen Bedarf braut, Restaurants.

STELLPLATZ

Wohnmobilstellplatz Vesteblick

Rosenauerstraße 32
(Einfahrt über Badweg)
96450 Coburg
☎ 09561/7491640
www.aquaria-coburg.de

Neben dem Hallen-/Freibad Aquaria, mit Blick auf die Burganlage Veste, Distanz zur Brauerei: 0,8 km

GPS: 50°16'7.14"N/10°58'21.37"E

Platz: = 22 auf Schotter, Asphalt, Schotterrasen. =22 CHEM GRAU . Ganzjährig geöffnet.
Preis: 12 € inkl. Entsorgung. Strom 0,60 €/ kWh, Wasser 1 €/100 l. Bezahlung über einen Tresor vor dem Hallenbad.
Distanz: Ⓗ 0,1 km, 0,1 km, 0,4 km, 0,8 km.

Freizeit: Saunawelt.
POI: Alststadt Coburg 0,8 km, Veste Coburg 1,5 km, Schloss Callenberg 4 km.
Kontakt: Hallenfreibad Aquaria, ☎ 09561/7491640, info@aquaria-coburg.de, www.aquaria-coburg.de

BRAUHAUS STEPHANUS

Overhagenweg 1
48653 Coesfeld
Tel.: 02541/1000
www.stephanus.eu
Öffnungszeiten: Täglich 11:00-23:00 Uhr.
Das gibt's: Brauschau für 7,80 Euro, mit Menü ab 23,80 Euro, Biertastings und -reisen, Bierseminar mit Diplom ab 120 Euro.

DIREKT DRAN

STELLPLATZ

Brauhaus Stephanus

Overhagenweg 1
48653 Coesfeld
☎ 02541/1000
www.brauhaus-stephanus.de

Parkplatz am Brauhaus im südlichen Stadtgebiet von Coesfeld, Distanz zur Brauerei: 0 km

GPS: 51°56'11.62"N/7°9'23.74"E

Platz: = 4 auf Pflaster. =3. Ganzjährig geöffnet. Ausnahme: 26.12. und 1.1. geschlossen.
Preis: Für Restaurantgäste kostenlos inkl. Strom. Einkehr obligatorisch.
Distanz: , 0,1 km, 0,2 km, 1 km.
Gastro: Warme Küche täglich von 12:00-21:00 Uhr.

Freizeit: 2 km, 2 km, 1 km. Veranstaltungen im Brauhaus, Brauereibesichtigung.
POI: Benediktinerkloster 7 km.
Kontakt: Stephan & Matthias Rulle, ☎ 02541/1000, info@brauhaus-stephanus.de, www.brauhaus-stephanus.de

BERG BRAUEREI ULRICH ZIMMERMANN

Graf-Konrad-Straße 21
89584 Ehingen-Berg
Tel.: 07391/771710
www.bergbier.de
Öffnungszeiten: Brauereiwirtschaft täglich ab 11:00 Uhr, Brauereilädle und Bierkeller Mo, Do-Sa 9:00 Uhr, Biergarten Fr 17:00 Uhr, Sa 14:00 Uhr, So und Feiertag 11 Uhr.
Das gibt's: Brauereibesichtigung 9,80 Euro, Bierverkostung 44,80 Euro, Bier- und Brotbackzeit 59,90 Euro, Bierbraukurs 99 Euro und mehr.

DIREKT DRAN

STELLPLATZ

Stellplatz Brauereiwirtschaft Berg

Graf-Konrad-Straße 21
89584 Ehingen-Berg
☎ 07391/771733
www.bergbier.de

Neben der Brauerei und dem Museum Brauerei-Gewölbe, Distanz zur Brauerei: 0 km

GPS: 48°15'43.06"N/9°44'8.21"E

Platz: = 4 auf Pflaster. Nächste VE am Stellplatz am Stadion in Ehingen. Ganzjährig geöffnet.
Preis: Für Restaurantgäste kostenlos. Einkehr obligatorisch.
Distanz: , Ⓗ 0,5 km, 0,5 km, 1,5 km.
Gastro: Biergarten, geöffnet 1.5-31.8. (bei gutem Wetter), Fr ab 17:00 Uhr, Sa ab 14:00 Uhr, So ab 11:00 Uhr. warme Küche, Mo-Sa 11:00-22:00 Uhr, So 11:00-21:00 Uhr. Berg Brauerei-Wirtschaft. Brauereishop und Bierkeller täglich von 11:00-22:00 Uhr.

Freizeit: Brauereibesichtigungen, Bierverkostungen und Braukurse können über die Homepage reserviert werden.
Kontakt: ☎ 07391/771733, wirtschaft@bergbier.de, www.bergbier.de

EINBECKER BRAUHAUS

Papenstraße 4-7
37574 Einbeck
Tel.: 05561/7970
www.einbecker.de
Öffnungszeiten: Mo-Fr 14:30-17:30 Uhr
Das gibt's: Bierwelt mit Brauerei-Tour nach Anmeldung Mo-Do um 14:00 Uhr, 15 Euro, Bierverkauf, Fanshop, Hof-Fest.

STELLPLATZ

Hallen- und Freibad

Ochsenhofweg 11
37574 Einbeck
☎ 05561/9420
www.baeder.stadtwerke-einbeck.de

In ruhiger Lage am Hallen- und Freibad, Distanz zur Brauerei: 0,8 km

GPS: 51°49'28.01"N/9°51'49.78"E

Platz: =30 auf Schotter. WC CHEM GRAU. Dusche/WC im Hallenbad zu den Öffnungszeiten. Ganzjährig geöffnet.
Preis: 5 € inkl. aller Personen, Dusche, WC, Müll-Entsorgung. Strom 0,50 €/ kWh, Entsorgung 1 €. Eintritt für 1 Person im Hallen- und Freibad inkl. der Nutzung von WC und Duschen gratis. Bezahlung am Kassenautomat zu den Bad-Öffnungszeiten.
Distanz: 0,8 km, 0,8 km, 0 km, Ⓗ 0,3 km.
Gastro: Imbiss (Svens Bistro Auszeit) im Hallen- und Freibad. Weitere Restaurants auf dem Marktplatz.
Freizeit: 1 km. Freibad, Stadtführungen, Bierproben im Einbecker Brauhaus auf Voranmeldung, Nordic-Walking-Park 0,5 km, Golfplatz 3 km.
POI: Altstadt, RadHaus mit Stadtmuseum, PS Speicher, Senfmühle, Blaudruck, Brauerei 0,8 km.
Kontakt: Stadtwerke Einbeck, ☎ 05561/9420, info@stadtwerke-einbeck.de, www.baeder.stadtwerke-einbeck.de

VOGEL HAUSBRÄU

Rheinstraße 4
76275 Ettlingen
Tel.: 07243/561720
www.vogelbraeu.de
Öffnungszeiten: Mo-Do 11:00-23:00 Uhr, Fr-Sa 11:00 bis 24:00 Uhr, So 11:00-23:00 Uhr.
Das gibt's: Brauhaus mit Lokal, Braueribesichtigung für 33 Euro nur nach Absprache, hauseigener Braukeller und Biergarten, Braukalender auf Webseite.

STELLPLATZ

Wohnmobilstellplatz am Ettlinger Albgau-Freibad

Schöllbronner Straße 69
76275 Ettlingen
☎ 07243/101549
www.ettlingen.de

Ausgewiesene Stellplätze beim beheizten Freibad, Distanz zur Brauerei: 1,1 km

GPS: 48°56'8.69"N/8°25'3.33"E

Platz: = 8 auf Asphalt. =4 CHEM GRAU . Aufenthalt max. 48 h. Parken nur auf der ausgewiesenen Stellfläche für Wohnmobile. Trinkwasseranschluss vorhanden. Ganzjährig geöffnet.
Preis: 10 € inkl. Entsorgung. Strom 2 €/8 h, Wasser 2 €/5 min. Bezahlung am Parkscheinautomat mit Münzgeld oder per Handyparken-App.

Distanz: Ⓗ 0,2 km, 0,3 km, 0,7 km, 2 km.
Gastro: Weitere Restaurants im Stadtzentrum.
Freizeit: 0,3 km. Stadtbesuch, Mountainbike-Trails, Stadtbesuch.
POI: Altstadt Ettlingen 0,8 km, Schloss 1,2 km.
Kontakt: Stadt Ettlingen, ☎ 07243/101549, info@ettlingen.de, www.ettlingen.de

BRAUHAUS EUTIN

Markt 11
23701 Eutin
Tel.: 04521/766777
www.brauhaus-eutin.de
Öffnungszeiten: Täglich 11:00-22:00 Uhr.
Das gibt's: Brauhaus mit eigener Brauerei in der Altstadt mit Wintergarten und Markttterrasse, Menüs und Buffet, Shop.

STELLPLATZ

Reisemobilpark Eutiner See

Oldenburger Landstraße 21
23701 Eutin
☎ 04521/70970
www.reisemobilpark-eutin.de

In der Holsteinischen Schweiz, direkt am Großen Eutiner See, Distanz zur Brauerei: 1,0 km

GPS: 54°8'2.38"N/10°37'45.66"E

Platz: = 24 auf Asphalt, Sand/Split. =24 WC CHEM GRAU . Spüle, Vermietung von Elektro-Cabrios ab 79 €/Tag, behindertengerechte Dusche/WC. Aufenthalt max. 14 Tage. Anmeldung am Automat im Kassenhaus. Ganzjährig geöffnet.

Preis: 6 € inkl. Entsorgung, WC, Müll-Entsorgung, WLAN. Strom 0,50 €/ kWh, Wasser 1 €/100 l, Dusche 1 €/5 min, Waschmaschine/Trockner je 2 €. Bargeldlose Bezahlung über Chipkarte. Kassenbeleg mit Abreisedatum hinter die Windschutzscheibe legen.

Distanz: 1 km, 1 km, 1 km.

Gastro: Mo und Do Bäckerwagen.

Freizeit: 1,9 km. Wandern, Radfahren, Seerundfahrten 0,1 km, Festspiele 1 km, historische Badeanstalt am Großen Eutiner See 2,2 km.

POI: Schloss Eutin 1 km, Altstadt und Museum 1 km, Jagdschlösschen am Ukleisee 7,5 km.

Kontakt: Tourist-Info Eutin, ☎ 04521/70970, info@eutin-tourismus.de, www.reisemobilpark-eutin.de

BRAUEREI NEDER

Sattlertorstraße 10
91301 Forchheim
Tel.: 09191/2400
www.neder-brauerei.de
Öffnungszeiten: Mo-Sa 10:00-22:00 Uhr, So und feiertag 9:00-13:00 Uhr.
Das gibt's: Brauerei seit 1554, mit Gaststätte, Gassenschänke zum Draußentrinken, Keller, Annafest.

STELLPLATZ

Wohnmobilstellplatz Forchheim

An der Regnitzbrücke
91301 Forchheim
☎ 09191/4449
www.forchheim-erleben.de

Parkplatz an Sport- und Freizeitgelände zwischen Main-Donau-Kanal und Seitenarm Regnitz-Altwasser, Distanz zur Brauerei: 0,9 km

GPS: 49°43'15.00"N/11°2'58.00"E

Platz: = 20 auf Sand/Splitt, Rasengittersteinen. =20 (16 A) WC CHEM GRAU . In Hörweite zur A73. WC/Dusche des Sportplatzes vom 1.3.-31.10. nutzbar, Mo-Do 7:00-16:15 Uhr, Fr 7:00-11:30 Uhr. Ganzjährig geöffnet.
Preis: 9 € inkl. aller Personen, Entsorgung, WC, Müll-Entsorgung. Strom 0,50 €/ kWh, Wasser 1 €/100 l, Dusche 1,50 €.
Distanz: 0,3 km, Ⓗ 0,4 km, 1 km, 1 km.
Gastro: Mehrere Restaurants in der Altstadt.

Freizeit: 1 km. Minigolf, Skaterbahn, Kneippanlage, Sommerstockbahn, Kino 1 km, Erlebnisbad 2 km, Bierkeller 2,5 km, Kletterhalle 4 km.
POI: Katharinenspital 1 km, Kellerwald Der größte Biergarten der Welt 2,5 km.
Anfahrt: Enge Brücke, max. 5,5 t.
Kontakt: Platzwart Herr Eberlein, Herr Mauser, ☎ 09191/4449, Mobil: 0173/8638631, tourist@forchheim.de, www.forchheim-erleben.de

SCHMAUSENKELLER UND BRAUEREI MÜLLER

Am Bahnhof 13
96158 Frensdorf-Reundorf
Tel.: 09502/608
www.schmausenkeller.de
Öffnungszeiten: Di-Do geschlossen, wetter- und saisonabhängig geöffnet, siehe Webseite.
Das gibt's: Restaurant mit eigener kleiner Brauerei, Regionale oberfränkische Küche, hauseigenes Kellerbier, Biergarten, Spielplatz. Wenn Schmausenkeller geschlossen, keine Womo-Übernachtung erwünscht.

DIREKT DRAN

STELLPLATZ

Wohnmobilstellplatz Schmausenkeller

Am Bahnhof 13
96158 Frensdorf-Reundorf
☎ 09502/608
www.schmausenkeller.de

Auf dem Parkplatz des Bierkellers Schmausenkeller am Waldrand, Distanz zur Brauerei: 0 km

GPS: 49°48'52.60"N/10°53'45.64"E

Platz: =15 auf Wiese, Sand/Splitt, Naturboden. Leinenpflicht für Hunde. Übernachtung in der VS und NS nur von Fr-Mo, ab Kellersaison täglich. Anfahrt bis 19:00 Uhr und nur mit täglicher Anmeldung an der Küchentheke bei Essensbestellung. Einkehr (mit Speis und Trank) erwünscht. Anmeldung wird von 21:30-0:30 Uhr kontrolliert. Wenn Schmausenkeller geschlossen, keine Übernachtung erwünscht. Campingverhalten nicht erlaubt. Geöffnet: März-Ende Oktober.

Preis: Übernachtung gratis. Für Bierkellergäste kostenlos. Einkehr verpflichtend. Kontrollgang ab 22:30 Uhr, ohne Anmeldung wird geweckt.

Distanz: 2 km, Ⓗ 1 km, 1 km, 0 km.

Gastro: Schmausenkeller, Biergarten mit Selbstbedienung und eigener Brauerei (Felsenkeller aus dem Jahre 1814). Frühstück möglich.

Freizeit: Brauerei-Wanderweg, Kegeln auf alter Natur-Kegelbahn, Naturbadesee in Frensdorf 4 km.

POI: Bauernmuseum in Frensdorf 3 km, Wallfahrtskirche Schlüsselau 7,8 km, Bamberg 8 km.

Kontakt: Schmausenkeller, Anita Dietz, ☎ 09502/608, info@schmausenkeller.de, www.schmausenkeller.de

TURMBRÄU – BRAUHAUS AM MARKT

Marktplatz 64
72250 Freudenstadt
Tel.: 07441/905121
www.turmbraeu.de
Öffnungszeiten: täglich ab 11:00 Uhr
Das gibt's: Brauhaus im ehemaligen Freudenstädter Postgebäude direkt auf Deutschlands größtem Marktplatz, Biergarten mit Turm-Alm, am Wochenende Party ab 22:00 Uhr.

STELLPLATZ

Wohnmobilstellplatz am Panorama-Bad

Eugen-Nägele-Straße
72250 Freudenstadt
☎ 07441/864730
www.freudenstadt.de

Auf dem unteren Parkplatz am Erlebnisbad, Distanz zur Brauerei: 1,2 km

GPS: 48°28'18.51"N/8°24'56.77"E

Platz: =5 auf Pflaster. GRAU . Leicht abschüssig, durch Baumreihen begrünt. Ganzjährig geöffnet.
Preis: Übernachtung gratis. Wasser 1 €/80 l.
Distanz: 1,1 km, 1,1 km, 0,3 km.
Freizeit: Freudenstädter Bähnle.
POI: Experimenta Freudenstadt 1 km, Marktplatz mit Museum und Rathaus 1,4 km, Friedrichsturm 2,7 km, Glockenspiel am Martin-Luther-Platz 3 km, hist. Besucherbergwerk mit Luftschutzbunker 3,5 km, Dorfmuseum Dietersweiler 6,8 km, Kienberg 8,5 km, Aussichtsplattform Ellbachseeblick 16 km, Kloster Alpirsbach 18,4 km.

Kontakt: Tourist-Info, ☎ 07441/864730, touristinfo@freudenstadt.de, www.freudenstadt.de

FRITZLARER DOMBRÄU

Auf der Lache 4
34560 Fritzlar
Tel.: 05622/918809
www.fritzlarerdombräu.de
Öffnungszeiten: Brauhaus und Schenke täglich, nach Jahreszeit wechselnd geöffnet, siehe Webseite.
Das gibt's: Brauhaus mit Speisen-Angebot, Bikertreff, eigene Schenke als Bierlokal mit passender Speisekarte, Bier- und Wintergarten, Bierverkauf.

STELLPLATZ

Stellplatz Ederaue

Pipprichsweg
34560 Fritzlar
☎ 05622/5851
www.fritzlar.de

Auf großem Festplatz in der Nähe der Eder, Distanz zur Brauerei: 1,2 km

GPS: 51°7'27.81"N/9°15'57.41"E

Platz: = 18 auf Schotterrasen. =16 (6/16 A) CHEM GRAU . nur bei Gruppen. Ganzjährig geöffnet. Ausnahme: 2. und 3. Juli-Woche geschlossen.
Preis: 7 € inkl. Entsorgung, Müll-Entsorgung. Hunde gratis. Strom 2 €. Wasser gegen Spende.
Distanz: Ⓗ 0,1 km, 0,2 km, weitere Restaurants in 0,6 km, 0,8 km, 1 km.

Freizeit: 10 km. Freizeitsportanlage, beheiztes Erlebnisbad Ederaue, Bowlingbahn, Ederauen-Radweg.
POI: Hochzeitshaus-Museum 1 km, hist. Altstadt mit Dom 1 km.
Kontakt: Harald Kurze, ☎ 05622/5851, Mobil: 0163/1455954, stellplatz-ederaue@gmx.de, www.fritzlar.de.

BRAUHAUS WIESENMÜHLE

Wiesenmühlenstraße 13
36037 Fulda
Tel.: 0661/928680
www.wiesenmuehle.de
Öffnungszeiten: Brauhaus und Biergarten Mo-Do 11:00-22:00 Uhr, Fr, Sa und vor Feiertagen 11:00-24:00 Uhr, So und Feiertage 10:00-22:00 Uhr.
Das gibt's: Bierseminar mit dem Braumeister samt Bierprobe für 17 Euro, dazu gehören Flammkuchen, Bierquiz und Bierdiplom. Brauereiführung 7 Euro, Kreativbiertasting 27 Euro.

STELLPLATZ

Wohnmobilstellplatz Weimarer Straße

Weimarer Straße 21-23
36039 Fulda
☎ 0661/1021813
www.tourismus-fulda.de

Großraumparkplatz am westlichen Innenstadtrand, Distanz zur Brauerei: 0,7 km

GPS: 50°33'23.52"N/9°39'59.04"E

Platz: = 17 auf Pflaster, Rasengittersteinen. =24 (6/16 A) WC CHEM. Wertstoffhof angrenzend. Ganzjährig geöffnet.
Preis: 6 € inkl. aller Personen, WC. Strom 1 €/ kWh, Wasser 1 €/5 min, Entsorgung 1 €.
Distanz: Ⓗ , 0,2 km, 0,5 km, 1,5 km.
Gastro: Weitere Restaurants in der Innenstadt.
Freizeit: 1,5 km, 1,5 km, 3 km. Stadt- und Museumsbesichtigungen, Veranstaltungs- und Kinderprogramm beim Tourismus- und Kongressmanagement Fulda im Palais Buttlar, Bonifatiusplatz 1.

POI: Barockviertel mit Schloss, Dom und Michaelskirche 1 km, Vonderau-Museum mit Planetarium 1 km, Deutsches Feuerwehrmuseum 1,5 km, Museum Schloss Fasanerie 7 km.
Kontakt: Stadt Fulda, ☎ 0661/1021813, tourismus@fulda.de, www.tourismus-fulda.de

BIO-RESTAURANT & BIERBRAUEREI GARMISCHER HOF

Chamonixstraße 10
82467 Garmisch-Partenkirchen
Tel.: 08821/9110
www.garmischer-hof-bierbrauerei.de
Öffnungszeiten: Mi-So 14:30-22:00 Uhr.
Das gibt's: Hausbrauerei in einem Hotel mit Restaurant, Biergarten, Braukessel von außen zu sehen, Bayerisch Ale, Weizen, Spezialbier.

STELLPLATZ

Camp am Wank

Wankbahnstraße 2
82467 Garmisch-Partenkirchen
☎ 08821/7972550
www.zugspitze.de/camp

An der Talstation der Wankbahn, Distanz zur Brauerei: 2,3 km

GPS: 47°30'16.58"N/11°6'26.60"E

Platz: = 110 auf Asphalt. =110 (6-16 A) WC CHEM GRAU. Anmeldung/Bezahlung von 8:00-16:30 Uhr im Anmeldehäuschen. Terrassiert, beleuchtet. Ganzjährig geöffnet.
Preis: 15 € inkl. aller Personen, Strom, Entsorgung, WC, Müll-Entsorgung, WLAN, Hund. Wasser 1 €/50 l, Kurtaxe 3 €, Kurtaxe (6-15 J.) 1 €, VE für Durchreisende 2 €, Duschen 1 €/7 min. Kartenzahlung möglich. Preisänderung 2022 möglich.
Distanz: Ⓗ 0,1 km, 0,8 km, 0,3 km, weitere Restaurants in 1,5 km, 1 km.
Gastro: Gaststätte Schützenhaus 0,2 km, Garmischer Hof 2,3 km.

Freizeit: 2,5 km, 2,5 km, 2,5 km. Paragliding, Wandergebiet Wank und Wankbahn, Wintersport, Klettern, Olympia-Skistadion 2,5 km, Partnachklamm 3 km, Zugspitze 5 km, Höllentalklamm 5 km.
POI: Burgruine Werdenfels 2,5 km.
Kontakt: Bayerische Zugspitzbahn Bergbahn, ☎ 08821/7970, camp@zugspitze.de, www.zugspitze.de/camp

BRAUEREI-GASTHOF RÖTTER

Hauptstraße 48
91726 Gerolfingen
Tel.: 09854/380
www.roetter-gerolfingen.de
Öffnungszeiten: Di-So 9:00-23:00 Uhr, Mo 17:30-23:00 Uhr.
Das gibt's: Brauereigasthof, fränkische Küche, ganzjährig Wildgerichte, Lamm vom fränkischen Erzeuger.

DIREKT DRAN

STELLPLATZ

Brauerei-Gasthof Rötter

Hauptstraße 48
91726 Gerolfingen
☎ 09854/380
www.roetter-gerolfingen.de

Am Fuße des Hesselberges, Distanz zur Brauerei: 0 km

GPS: 49°3'16.01"N/10°30'19.30"E

Platz: = 5, = 3 auf Schotter. WC. R wird empfohlen. Um telefonische Voranmeldung wird gebeten. WC zu den Öffnungszeiten des Gasthauses Mo 18:00-23:00 Uhr, Di-So 9:00-23:00 Uhr möglich. Ganzjährig geöffnet.
Preis: Für Restaurantgäste kostenlos. Einkehr obligatorisch. Strom 5 €/Tag.
Distanz: , Ⓗ 0,1 km, 0,1 km, 0,5 km.

Gastro: Am Platz: Mittags- und Abendtisch. Mo bis 18:00 Uhr geschlossen.
Freizeit: Wandern, Radtouren, Badeweiher.
POI: Hesselberg 2 km, Altmühlsee 27 km.
Kontakt: Christine Rötter-Rank, ☎ 09854/380, info@roetter-gerolfingen.de, www.roetter-gerolfingen.de

BRAUHAUS GOSLAR

Marktkirchhof 2
38640 Goslar
Tel.: 05321/685804
www.brauhaus-goslar.de
Öffnungszeiten: Mo-Fr ab 17:00 Uhr, Sa und So ab 12:00 Uhr.
Das gibt's: Brauhaus mit Restaurant, Bierprobe ab 3,90 Euro, Brauereiführungen und Bier-Vortrag je ab 4,10 Euro, Spezial- und Saisonbiere.

STELLPLATZ

Füllekuhle

Bertha-von-Suttner-Straße
38640 Goslar
☎ 05321/780660
www.goslar.de

Öffentlicher Parkplatz im Stadtgebiet, Distanz zur Brauerei: 1,0 km

GPS: 51°54'37.00"N/10°25'3.00"E

Platz: = 10 auf Pflaster. Stellflächen leicht abschüssig, Straße in Hörweite. Ganzjährig geöffnet.
Preis: Übernachtung gratis. Ein Gästebeitrag wird erhoben. Bezahlung in der Tourist-Info.
Distanz: Ⓗ 0,2 km, 0,6 km, 0,8 km.
Gastro: Mehrere Restaurants in der Innenstadt.
Freizeit: 2,8 km, 1,7 km. Mountainbiking, Wandern, Stadtführungen, Harzrundfahrten, Einstieg ins Mountainbike-Wegenetz der Volksbank Arena Harz 0,5 km.

POI: Marktplatz mit Rathaus, zahlreiche Museen, Kirchen, Klöster, Bürger- und Gildehäuser, Weltkulturerbe Rammelsberg – Museum und Besucherbergwerk, Kaiserpfalz 1 km.
Kontakt: Stadt Goslar, ☎ 05321/780660, marketing@goslar.de, www.goslar.de

OETTINGER BRAUEREI GOTHA

Dirk-Kollmar-Straße 1
99867 Gotha
Tel.: 03621/4670
www.oettinger-bier.de
Öffnungszeiten: Geöffnet für Brauereibesichtigung nach Absprache.
Das gibt's: Brauereibesichtigung, Biermuseum, eigene Hefezucht.

STELLPLATZ

Busparkplatz am Marstall

Parkallee
99867 Gotha
☎ 03621/510450
www.gotha-adelt.de

Neben dem zentralen Busparkplatz, Distanz zur Brauerei: 1,0 km

GPS: 50°56'38.78"N/10°42'34.79"E

Platz: P = 3 auf Asphalt. WC. Ganzjährig geöffnet.
Preis: Übernachtung gratis.
Distanz: Ⓗ 0,2 km, 0,5 km, 0,6 km.
Gastro: Pagenhaus, Schloss Friedenstein.
Freizeit: 2 km, 2 km, 1 km.

POI: Herzogliches Museum 0,3 km, Schloss Friedenstein 0,5 km, hist. Altstadt 0,9 km, Augustinerkloster 1 km, Marienglashöhle 17 km.
Kontakt: Tourist-Information Gotha, ☎ 03621/510450, tiefbauamt@gotha.de, www.gotha-adelt.de

BUCHER BRÄU

Elsenthaler Straße 5
94481 Grafenau
Tel.: 08552/40870
www.bucher-braeu.de
Öffnungszeiten: Mo-Do 10:00-14:00 und ab 16.30 Uhr, Fr und Sa ab 16.30 Uhr. So Ruhetag.
Das gibt's: Bräustüberl, Brauereiführung samt zwei Flaschen Bier Di ab 13 Uhr für 6 Euro, Bräustüberl, Biergarten.

STELLPLATZ

Stellplatz im Kurpark

Galgenau 7
94481 Grafenau
☎ 08552/962343
www.grafenau.de

Abgeteilter Bereich auf dem Park- und Festplatz, Distanz zur Brauerei: 0,9 km

GPS: 48°51'14.58"N/13°24'11.41"E

Platz: = 18 auf Rasengittersteinen. =9 (13 A) CHEM GRAU. Ganzjährig geöffnet. Ausnahme: 1. Juli-Woche wegen einer Großveranstaltung gesperrt (siehe Webseite).
Preis: 10 € inkl. Entsorgung, Müll-Entsorgung, WLAN. Strom 0,70 €/ kWh, Wasser 0,10 €, Kurtaxe (ab 18 Jahre) 1,95 €, Kurtaxe (ab 6 Jahre) 0,90 €. Bezahlung am Automat mit Kreditkarte, EC-Karte oder in bar (nur Münzen).
Distanz: Ⓗ 0,3 km, 0,5 km, weitere Restaurants in 0,6 km, 0,6 km, 0,8 km.
Freizeit: 0,3 km, 1 km, 1 km. Sommerrodelbahn, Familienprogramme, geführte Wanderungen, Kneippanlage 0,2 km, Sonderausstellungen im Kurpark 0,2 km, Minigolf 0,3 km, Nationalpark Bayerwald 11 km.
POI: Museen 0,5 km, Bauernmöbel- und Schnupftabakmuseum 0,5 km, Altstadt 0,8 km, Baumwipfelpfad 8 km.
Kontakt: Tourist-Info, ☎ 08552/962343, tourismus@grafenau.de, www.grafenau.de

OSTFRIESEN BRÄU – HISTORISCHE LANDBRAUEREI

Voerstad 8
26629 Großefehn-Bagband
Tel.: 04946/203
www.ostfriesenbraeu.de
Öffnungszeiten: Mi-So ab 11:00 Uhr, in der Nebensaison gesonderte Öffnungszeiten (siehe Webseite).
Das gibt's: Brauereibesichtigung mit Museum ab 5 Euro, Bierseminar für 25,90 Euro, Biertaste-Seminar für 34,90 Euro, Braukurs für 75,50 Euro.

DIREKT DRAN

STELLPLATZ

Ostfriesen Bräu

Voerstad 8
26629 Großefehn-Bagband
☎ 04946/203
www.ostfriesenbraeu.de

Historische Landbrauerei mit Gaststätte, Distanz zur Brauerei: 0 km

GPS: 53°21'0.42"N/7°36'38.22"E

Platz: = 4 auf Pflaster. =1 (10 A) WC. Keine Reservierung möglich. Ganzjährig geöffnet.
Preis: 9 € inkl. aller Personen, Strom. Für Restaurantgäste ab einem Verzehr von 9 € kostenlos.
Distanz: Ⓗ 1 km.
Gastro: Mi-So ab 11:00 Uhr (durchgehend warme Küche bis 21:00 Uhr), Mo+Di derzeit Ruhetag, in der Nebensaison gesonderte Öffnungszeiten (siehe Webseite).

Freizeit: 1 km. Brauereibesichtigung, Blumenhalle 10 km, Golfplatz in Wiesmoor 10 km.
POI: 5 Mühlen in 0,2 km.
Kontakt: Ostfriesen Bräu, René Krischer, ☎ 04946/203, post@ostfriesenbraeu.de, www.ostfriesenbraeu.de

BRAUHAUS AM KREUZBERG

Kreuzberg 1
91352 Hallerndorf-Schnaid
Tel.: 09545/4736
www.brauhaus-am-kreuzberg.de
Öffnungszeiten: Do-So ab 11:00 Uhr.
Das gibt's: Brauereiführung 29,90 Euro, Erlebnisbierkeller, Bierzeitung, Brauhaus am Kreuzberg, Brauseminar mit der Deutschen Bierakademie, Brennerei.

DIREKT DRAN

STELLPLATZ

Brauhaus am Kreuzberg

Kreuzberg 1
91352 Hallerndorf-Schnaid
☎ 09545/4736
www.brauhaus-am-kreuzberg.de

Am Waldrand,
Distanz zur Brauerei: 0 km

GPS: 49°45'32.83"N/10°57'19.94"E

Platz: = 3 auf Asphalt. . Ganzjährig geöffnet. Übernachtung zu den Restaurantzeiten Do-So möglich.
Preis: Für Restaurantgäste kostenlos. Einkehr obligatorisch.
Gastro: Brauhaus mit Brauerei und Brennerei, geöffnet von Anfang März-Mitte Dezember, Do-So ab 11:00 Uhr, Mo-Mi Ruhetag.

Freizeit: Brauereitouren, Erlebnisspielplatz.
Kontakt: Familie Winkelmann, ☎ 09545/4736, info@brauhaus-am-kreuzberg.de, www.brauhaus-am-kreuzberg.de

PRIVATBRAUEREI KLUTE

Poppenbeck 28
48329 Havixbeck
Tel.: 02507/98390
www.klutes.de
Öffnungszeiten: Mi-Sa ab 12:00 Uhr, So ab 11:00 Uhr, Mo und Di (nur in der Winterzeit) Ruhetag.
Das gibt's: Historisches Brauhaus von 1352, Restaurant, Brennerei, Biergarten, westfälische Spezialitäten, auch zum Mitnehmen im Brauhausladchen.

DIREKT DRAN

STELLPLATZ

Privatbrauerei Klute

Poppenbeck 28
48329 Havixbeck
☎ 02507/98390
www.klutes.de

Historische Gasthausbrauerei außerhalb des Ortes, Distanz zur Brauerei: 0 km

GPS: 51°59'21.22"N/7°23'34.85"E

Platz: Wohnmobil/Pkw-Wohnwagen = 15 auf Asphalt. Rollstuhl, Hund. Ganzjährig geöffnet.
Preis: Für Restaurantgäste kostenlos. Einkehr obligatorisch.
Distanz: Ort, Einkauf 2 km, Bushaltestelle 2 km, Bahn 2 km.
Gastro: Brauhausladchen (westfälische Wurst- und Schinkenspezialitäten), täglich ab 11:00 Uhr. Brauhaus Klute, warme Küche 12:00-19:30 Uhr, Ruhetage: Okt-März Mo+Di, sonst nur Mo.

Freizeit: Baden 4 km, Hallenbad 4 km, Radfahren 3 km. Planwagenfahrten (Reservierung notwendig), Kutschfahrten.
POI: Sandsteinmuseum 2 km, Stiftsdorf Hohenholte 4,8 km, Burg Hülshoff 10 km, Haus Rüschhaus mit Droste-Museum 12 km.
Kontakt: Herr Sür, ☎ 02507/98390, service@klutes.de, www.klutes.de

RATSBRAUHAUS HANN. MÜNDEN/KÖHLER'S BRÄU

Markt 3
34346 Hann. Münden
Tel.: 05541/957107
www.ratsbrauhaus.de
Öffnungszeiten: Di-So11:30-14:30 und ab 17:00 Uhr.
Das gibt's: Brauerei mitten in der Altstadt, Bier-Festival, Brauereiführungen, Grillbuffet auf dem Marktplatz, Doktor Eisenbarts Gaumenschmaus.

STELLPLATZ

Grüne Insel Tanzwerder

Tanzwerder 1
34346 Hann. Münden
☎ 05541/12257
www.busch-freizeit.de

Auf der Insel am Rande der Altstadt, Distanz zur Brauerei: 0,5 km

GPS: 51°25'0.20"N/9°38'50.80"E

Platz: P = 20 auf Wiese. =22 (6 A) WC CHEM GRAU . R wird empfohlen. Ankunft 12:00-21:00 Uhr, Aufenthalt unbeschränkt. Nutzung der Campingeinrichtungen möglich. Geöffnet: 1.4.-18.10.
Preis: 24 € inkl. Wasser, Entsorgung, WC, Müll-Entsorgung. Kind (bis 16 Jahre) 4,50 €, jede weitere Person 8,50 €, Strom 4 €, Dusche 1 €/4 min, Kurtaxe 1 €, WLAN 1,50 €/24 h, Hund 3 €.
Anfahrt: Nur für Wohnmobile bis 3,5 t. Zufahrt über schmale Brücke mit Beschränkung auf 3,5 t.
Distanz: 0,1 km, 0,1 km, 0,2 km, Ⓗ 0,2 km.

Freizeit: 0,5 km. Tretroller- und Kanuverleih, Angeln, Minigolf, Schiffsrundfahrten 0,3 km, Sauna 0,3 km, Bowlinganlage/Kegelbahn 1 km, Reiten 3 km, Wasserskianlage 5 km, Golfplatz 8 km.
POI: Hist. Altstadt 0,1 km, Welfenschloss 0,3 km, Weserstein 0,3 km, Tillyschanze 0,5 km, Kloster Bursfelde 12 km.
Kontakt: Familie Busch, ☎ 05541/12257, info@busch-freizeit.de, www.busch-freizeit.de

STELLPLATZ

Wohnmobilstellplatz Am Weserstein

Gustav-Blume-Weg
34346 Hann. Münden
☎ 05541/75313
www.hann.muenden-erlebnisregion.de

Auf einer Insel inmitten der Fulda, Distanz zur Brauerei: 0,5 km

GPS: 51°25'12.76"N/9°38'54.90"E

Platz: = 30 auf Pflaster, Wiese. =8 (16 A) WC CHEM. Öffentliches WC von 7:00-20:00 Uhr, Kurzzeitparken möglich. Ganzjährig geöffnet.
Preis: 7,20 € inkl. aller Personen, WC. Strom 1 €/8 h, Wasser 1 €.
Distanz: Ⓗ 0,5 km, 0,7 km, 1 km.
Gastro: Mehrere Restaurants ab 0,3 km.
Freizeit: 1,5 km, 0,5 km. Stadtführung 0,5 km, Kanuverleih 0,5 km.

POI: Weserrenaissance, Wasserspuren 0,5 km, mittelalterliche Altstadt 0,7 km, Welfenschloss 0,7 km, Museen, Ausstellungen 0,7 km, Tillyschanze 1,5 km.
Kontakt: Hann. Münden Marketing, ☎ 05541/75313, 05541/75343, info@hann.muenden-marketing.de, www.hann.muenden-erlebnisregion.de

GASTSTÄTTE LINDWURMBRÄU

Hauptstraße 18
91180 Heideck
Tel.: 09177/4856633
www.heidecker-lindwurmbraeu.de
Öffnungszeiten: Do-Sa 17:00-24:00 Uhr, So und Feiertag 10:00-14:00 und 16:00-22:00 Uhr.
Das gibt's: Brauereigaststätte mit Sudhausschenke, Bierkrugstube, Bräustüberl, Biergarten im Innenhof.

STELLPLATZ

Am Nördlichen Stadtgraben

Nördlicher Stadtgraben
91180 Heideck
☎ 09177/494013
www.heideck.de

Mitten im Zentrum gelegen, Distanz zur Brauerei: 0,3 km

GPS: 49°8'4.00"N/11°7'32.00"E

Platz: = 3 auf Schotterrasen. . Ganzjährig geöffnet.
Preis: Übernachtung gratis.
Distanz: 1 km.

POI: Rathaus Zehntscheuer Heideck, Pfarrkirche St. Johannes, Museum, Frauenkirche.
Kontakt: Stadt Heideck, ☎ 09177/494013, info@heideck.de, www.heideck.de

BRAUHAUS HERSBRUCK

Unterer Markt 19
91217 Hersbruck
Tel.: 09151/7239763
www.brauhaus-hersbruck.metro.rest
Öffnungszeiten: Mi-So 11:00-22:00 Uhr, Di 17:00-22:00 Uhr, Mo Ruhetag.
Das gibt's: Seit 1. Januar 2022 unter neuer Leitung, familiengeführtes Brauhaus mit frischer Küche, Motto: „Gut essen bei Freunden", regionale und saisonale Produkte, historische Fassade, modernes Interieur, viele Gerichte als Seniorenportion.

STELLPLATZ

Stellplatz der Fackelmann Therme Hersbruck

Badstraße 16
91217 Hersbruck
09151/83930
www.fackelmanntherme.de

Nur 50 Meter entfernt von der Therme, Distanz zur Brauerei: 1,5 km

GPS: 49°30'40.60"N/11°26'34.19"E

Platz: P / = 6 auf Schotter. =6 (10 A) CHEM GRAU . Saunalandschaft, Wellnessbereich. R wird empfohlen. Anfahrt ab 12:00 Uhr, Abfahrt bis 11:00 Uhr. Öffnungszeiten der Therme: Mo-Fr 9:00-22:00 Uhr, Sa 10:00-23:00 Uhr. Ganzjährig geöffnet.

Preis: 10 € inkl. aller Personen, Strom, Entsorgung. Wasser 1 €/50 l. Online-Bezahlung/Reservierung: www.fackelmanntherme.de/info/service-und-touristinfo.

Distanz: 0,1 km, 0,1 km, 0,5 km, 1 km.

Gastro: Thermen-Gastronomie, warme Küche Mo-Fr bis 21:00 Uhr, Sa bis 22:00 Uhr.

Freizeit: 0,1 km, 0,1 km, 1,5 km. Golfplatz, Segelflugplatz, Klettern, Reitplatz, Kanu fahren, Happurger Badesee 3 km, Freizeitland Fränkisches Wunderland in Plech 24 km.

POI: KZ-Gelände, Doggerstollen, Hirtenmuseum, Nürnberg 3 km.

Kontakt: 09151/83930, info@fackelmanntherme.de, www.fackelmanntherme.de

BRAUEREI-GASTHOF KRAUS

Luitpoldstraße 11
96114 Hirschaid
Tel.: 09543/84440
www.brauerei-kraus.de
Öffnungszeiten: Täglich 8:00-22:00 Uhr, Di Ruhetag.
Das gibt's: Brauerei-Gasthof mit herzhaften fränkischen Gerichten, Brotzeiten und Wurst aus eigener Metzgerei, Wild- und Fischgerichte, Biergarten.

STELLPLATZ

Wohnmobilstellplatz Regnitz-Arena

Georg-Kügel-Ring 3
96114 Hirschaid
☎ 09543/82250
www.hirschaid.de

An der Sporthalle, Distanz zur Brauerei: 0,7 km

GPS: 49°48'41.98"N/10°59'7.98"E

Platz: = 8 auf Pflaster. CHEM GRAU. Ganzjährig geöffnet.
Preis: 8 € inkl. Entsorgung. Strom 0,50 €/ kWh, Wasser 1 €/80 l. Bezahlung am Kassenautomat im Erlebnisbad Franken-Lagune.
Distanz: Ⓗ 0,8 km, 0,3 km, 0,6 km, 2 km.
Freizeit: 0,9 km. Radfahren.

POI: Regnitz-Arena 0,3 km, Schloss Sassanfahrt 1,3 km, Neubertsee 2,8 km
Kontakt: ☎ 09543/82250, markt@hirschaid.de, www.hirschaid.de

MEINEL-BRÄU

Alte Plauener Straße 24
95028 Hof
Tel.: 09281/3514
www.meinel-braeu.de
Öffnungszeiten: Geöffnet je nach Fest unterschiedlich.
Das gibt's: Familienbrauerei mit fast 300-jähriger Tradition. Bier-Degustation, Feste auf dem Gelände wie Tag der offenen Brauerei, Brennerei, Maibockanstich und Hopfenzupferfest, Bräukontor.

STELLPLATZ

Stellplatz Theresienstein

Plauener Straße 54
95032 Hof
☎ 09281/8157777
www.hof.de

Am Bürgerpark Theresienstein, in Innenstadtnähe, Distanz zur Brauerei: 0,3 km

GPS: 50°19'47.01"N/11°55'11.15"E

Platz: = 8 auf Rasengittersteinen. Nahe der A93 (4 km). Ganzjährig geöffnet.
Preis: Übernachtung gratis.
Distanz: Ⓗ 0,1 km, 0,2 km, 0,4 km, 3 km.
Gastro: Biergarten und Gaststätten in unmittelbarer Nähe.
Freizeit: 4 km, 3 km. Konzerte, Theater, Stadtbummel, Rundwanderwege, Nordic Walking, Saale-Radweg 2,5 km, Untreusee mit Kletterpark und Sportangeboten 4 km.

POI: Altstadt mit hist. Rathaus und Hofer Wärschtlamo, Saaleauen, Landschaftspark Theresienstein, Botanischer/Geologischer Garten, Zoo, Regionalmuseum 0,5 km.
Kontakt: Tourist-Info, ☎ 09281/8157777, touristinfo@stadt-hof.de, www.hof.de

SPEIDEL'S BRAUMANUFAKTUR

Im Dorf 5
72531 Hohenstein-Ödenwaldstetten
Tel.: 07387/98900
www.speidels-braumanufaktur.de
Öffnungszeiten: Gasthof Lamm: Mo-Sa 11:30-22:30 Uhr, So und Feiertag 11:30-21:00 Uhr.
Das gibt's: Speidels Bier-ABC und Bierseminar, Preis auf Anfrage, Brauereiführung samt Bierprobe für 9,50 Euro.

STELLPLATZ

Wohnmobilstellplatz am Bauernhausmuseum

Jahnweg 3
72531 Hohenstein-Ödenwaldstetten
☎ 07387/98700
www.gemeinde-hohenstein.de

Am Museum in ruhiger Ortsrandlage, Distanz zur Brauerei: 0,2 km

GPS: 48°20'51.33"N/9°22'35.22"E

Platz: P / = 4 auf Schotter. CHEM GRAU . Aufenthalt max. 3 Nächte, längerer Aufenthalt nur nach Genehmigung durch das Rathaus. Strom reicht für Heizzwecke nicht aus. Geöffnet: April bis Ende Oktober.
Preis: 4 € inkl. Entsorgung. Strom 1 €/6 h, Wasser 1 €/100 l. Bezahlung im Museum oder im Rathaus (Im Dorf 14) zu den Öffnungszeiten.
Distanz: 0,3 km, 0,3 km, Ⓗ 0,3 km, 0,3 km, weitere Restaurants in 4 km.

Gastro: Lamm Brauerei-Gasthof in Ödenwaldstetten. Weitere Restaurants in Eglingen, Meidelstetten, Bernloch und Oberstetten.
Freizeit: Naturerlebnispfad Häulesrain in Meidelstetten.
POI: Bauernhausmuseum, Burgruine Hohenstein 4 km, Naturerlebnispfad 6 km.
Kontakt: Gemeinde Hohenstein, ☎ 07387/98700, rathaus@gemeinde-hohenstein.de, www.gemeinde-hohenstein.de

HUSUMS BRAUHAUS

Neustadt 60-68
25813 Husum
Tel.: 04841/89660
www.husums-brauhaus.de
Öffnungszeiten: Do-Sa ab 17:00 Uhr.
Das gibt's: Brauhaus mit Biergarten und Restaurant, Brauereiführung mit Bierprobe, Zapftisch, Brauer-Hour täglich 17:00-18:00 Uhr: jedes große Bier für 4,50 Euro.

STELLPLATZ

Loof's Wohnmobilhafen

Dockkoogstraße 7
25813 Husum-Porrenkoog
☎ 04841/2034
www.fischhausloof.de

Beim Loof-Seafood-Bistro, hinter der Eisenbahnüberführung, Distanz zur Brauerei: 1,2 km

GPS: 54°28'30.00"N/9°2'32.00"E

Platz: = 30 auf Sand/Splitt, Schotter. WC CHEM. Anmeldung über Hotel Altes Zollamt, Kleikuhle 1-2, Tel. 04841/2033. Ganzjährig geöffnet.
Preis: 12 € inkl. aller Personen, Entsorgung, Müll-Entsorgung. Strom 0,50 €/ kWh, Wasser 1 €/100 l, Dusche 0,50 €/Person. Inklusive 2-€-Verzehrbon im Loof-Seafood-Bistro. Ab der 2. Nacht 10 €. Schlüsselpfandgebühr 50 €.
Distanz: 0,2 km, 0,5 km, 0,5 km, Ⓗ 0,8 km.

Gastro: Loof-Seafood-Bistro 0,2 km.
Freizeit: 1,5 km, 1,5 km, 0,5 km. Ausflugsfahrt zu den Halligen und nach Helgoland, Wattwandern, Personenschifffahrt nach Pellworm, Föhr, Amrum und Sylt 0,2 km, Badestrand 0,8 km.
POI: Theodor-Storm-Haus und Schifffahrtsmuseum 0,4 km.
Kontakt: Fischhaus Loof, ☎ 04841/2034, info@fischhausloof.de, www.fischhausloof.de

BRAUEREI GASTHOF ENGEL

Bahnhofstraße 36
88316 Isny
Tel.: 07562/971510
www.engel-isny.de
Öffnungszeiten: Mo, Di und Fr 17:30-22:00 Uhr, Sa, So und Feiertag 11:00-14:00 und 17:30-22:00 Uhr.
Das gibt's: Familienbetrieb und Brauereigasthof, älter als 200 Jahre, Allgäuer Spezialitäten mit Angeboten zu festen Zeiten.

STELLPLATZ

Reisemobilplatz Untere Mühle

Seidenstraße 41
88316 Isny
☎ 07562/9999050
www.isny.de

Zentrumsnaher Stellplatz am Bach Ach und am Kurpark, Distanz zur Brauerei: 0,6 km

GPS: 47°41'40.32"N/10°2'16.37"E

Platz: P = 16 auf Schotter. =14 WC CHEM GRAU . Aufenthalt max. 2 Nächte, Abreise bis 14:00 Uhr. WC zu den Öffnungszeiten im Haus der Begegnung Untere Mühle/im Kurhaus am Park. Ganzjährig geöffnet.
Preis: 7,50 € inkl. Entsorgung, Müll-Entsorgung. Strom 0,50 €/ kWh, Wasser 0,10 €/10 l, Kurtaxe 1,50 €/ Person. Bezahlung im Tourismusbüro/bei der Stellplatzbetreuerin. Dethleffs-Wohnmobilisten bezahlen 5 €.
Distanz: 0,2 km, 0,2 km, Ⓗ 0,2 km, 0,2 km.
Gastro: Regionale/internationale Küche 0,2 km.
Freizeit: 6 km, 20 km, 2 km. Stadtführungen (buchbar unter www.isny.de/erlebnisse), Sommerabendkonzerte im Kurpark Mi von Juni-August, Radtouren in der RadReiseRegion Naturschutzkammern, Führung Käsküche Isny, DSV-Nordic Aktivzentrum mit ausgedehntem Nordic Walking-/Loipen-Netz 0,5 km, Badesee Beuren 6 km (Naturfreibad).
POI: Kunsthalle/Galerie im Schloss 0,3 km (Ausstellungen Mai-September), Altstadt 0,3 km, Galerie im Turm (Espantor) 0,3 km, Wassertor-Museum 0,5 km (mit Führung zugänglich).
Kontakt: Isny Marketing, ☎ 07562/9999050, info@isny-marketing.de, www.isny.de/stellplatz

FRIESISCHES BRAUHAUS ZU JEVER

Elisabethufer 18
26441 Jever
Tel.: 04461/130
www.jever.de
Öffnungszeiten: Mo-Fr 10:00-18:00 Uhr, Sa 10:00-14:00 Uhr.
Das gibt's: Brauereibesichtigung für 9,50 Euro, nur nach Voranmeldung, Brauereiausschank im Haus der Getreuen, Shop.

STELLPLATZ

Sport- und Freizeitzentrum Jahnstraße

Jahnstraße
26441 Jever
☎ 04461/939261
www.stadt-jever.de

Ebene Stellplätze beim Freibad, Distanz zur Brauerei: 1,2 km

GPS: 53°34'33.00"N/7°53'26.00"E

Platz: P = 24 auf Pflaster. = 24 CHEM GRAU. Ganzjährig geöffnet.
Preis: 8 € inkl. Entsorgung. Strom 2 €, Wasser 2 €. Eine Wertmarke für Strom oder Wasser inklusive. Bezahlung der Stellplatzgebühr/Kauf der Wertmarken im MP Fitness-Park Jever, Jahnstraße 6.
Distanz: 0,2 km, Ⓗ 0,5 km, 0,5 km, weitere Restaurants in 1 km, 0,8 km.

Freizeit: 0,1 km, 0,8 km. Nachtwächterrundgang, Stadt-, Schloss/Brauereiführung, Tennisanlage, Besichtigung der Blaudruckerei.
POI: Altstadt mit Schloss-/Graftenanlage 0,8 km, Friesisches Brauhaus 0,8 km.
Kontakt: Tourist-Info Stadt Jever, ☎ 04461/939261, tourist-info@stadt-jever.de, www.stadt-jever.de

BRAUHAUS KALKARER MÜHLE

Mühlenstege 8
47546 Kalkar
Tel.: 02824/93230
www.kalkarermuehle.de
Öffnungszeiten: Di-Mi 17:30-21:00 Uhr, Do-Fr 12:00-14:30 und 17:30-21:00 Uhr, Sa 12:30-14:30 und 17:00-21:00 Uhr, So und Feiertag 12:00-21:00 Uhr.
Das gibt's: Brauhaus in einer historischen Mühle (größte funktionsfähige Mühle am Niederrhein), Restaurant auf zwei Ebenen, Motto: Backen, Brauen, Mahlen, Gastlichkeit.

STELLPLATZ

Reisemobilpark Kalkar

Waysche Straße 1-3
47546 Kalkar
☎ 02821/20110
www.reisemobilpark-kalkar.de

Mit altem Baumbestand in ruhiger, zentraler Lage, Distanz zur Brauerei: 0,4 km

GPS: 51°44'24.00"N/6°18'3.00"E

Platz: = 35 auf Wiese, Schotter. =24 (16 A) CHEM GRAU . nur bei Gruppen ab 6 Fahrzeugen möglich. Nachts beleuchtet. Ganzjährig geöffnet.
Preis: 8,50 € inkl. aller Personen, Entsorgung, Müll-Entsorgung, WLAN. Strom 1 €/2 kWh, Wasser 1 €.
Distanz: 0,5 km, 0,4 km, weitere Restaurants in 0,5 km, Ⓗ 0,5 km, 1 km.
Freizeit: 3 km, 12 km, 0,5 km. Stadtbesichtigung und Führung, Golfanlage 4 km, Freizeitpark Wunderland Kalkar 4 km, Freizeitbad Wisseler See 4 km.
POI: Altstadt mit St. Nicolai-Kirche und historischer Mühle am Hanselaertor 0,5 km, Museum Schloss Moyland 4 km, Museum Kurhaus Kleve 12 km.
Kontakt: Herr J. Cronauer, ☎ 02821/20110, j.cronauer@t-online.de, www.reisemobilpark-kalkar.de

RHÖNBRAUEREI DITTMAR

Fuldaer Straße 6
36452 Kaltennordheim
Tel.: 036966/83490
www.rhoenbrauerei.de
Öffnungszeiten: Mo-Fr 8:00-16:45 Uhr.
Das gibt's: Brauereibesichtigung mit Bierverkostung nach Absprache, Bier-Museum, Rhöner Küche im Schalander (Verkostungsraum) Werksverkauf und Fanshop.

STELLPLATZ

Stellplatz In der Aue

In der Aue 14
36452 Kaltennordheim
☎ 036966/7780
www.kaltennordheim.de

Zentrumsnah beim Feuerwehrgerätehaus, Distanz zur Brauerei: 0,8 km

GPS: 50°37'48.52"N/10°9'34.13"E

Platz: = 4 auf Asphalt. =4. Ganzjährig geöffnet.
Preis: Übernachtung gratis. Strom 0,50 €/ kWh.
Distanz: Ⓗ 0,2 km, 0,3 km, 0,5 km, 0,6 km.
Freizeit: 0,6 km.
POI: Schloss Kaltennordheim 0,7 km.

Kontakt: Stadt Kaltennordheim, ☎ 036966/7780, info@kaltennordheim.de, www.kaltennordheim.de

WEISSES BRÄUHAUS KELHEIM

Emil-Ott-Straße 3
93309 Kelheim
Tel.: 09441/3480
www.weisses-brauhaus-kelheim.de
Öffnungszeiten: Mi-So 10:00-22:00 Uhr.
Das gibt's: Älteste Weißbierbrauerei Europas, seit 1607 in Kelheim, regelmäßige Veranstaltungen wie Konzerte oder Comedy, deftige bayerische Küche, passend zum Bier.

STELLPLATZ

Wohnmobilstellplatz Am Pflegerspitz

Am Pflegerspitz 1
93309 Kelheim
☎ 09441/701234
www.kelheim.de

Auf einem 4.700 qm großen Areal am Flussarm Kleine Donau, Distanz zur Brauerei: 0,8 km

GPS: 48°54'48.21"N/11°52'34.93"E

Platz: P = 45 auf Schotter. =60 (16 A) CHEM GRAU. Keine Reservierung möglich. Ausweichplätze auf dem am Volksfestplatz/ Parkplatz P3. Ganzjährig geöffnet.
Preis: 8,50 € inkl. aller Personen, Entsorgung, Müll-Entsorgung, WC. Strom 1 €/2 kWh, Wasser 1 €/80 l. Bezahlung in bar, mit EC- oder Kreditkarte oder via Handy mit der moBILET-App.
Distanz: 0,1 km, weitere Restaurants in 1 km, Ⓗ 0,5 km, 0,5 km, 0,7 km.
Freizeit: 2 km, 2 km, 1 km. Sportinsel mit Ballsport, Kampfsport und Wellness, Tennisplatz, Schiffsanleger zum Kloster Weltenburg 0,5 km, Kaiser-Therme Bad Abbach 10 km, Sommerrodelbahn Riedenburg 18 km.
POI: Franziskanerkirche mit Orgelmuseum 0,5 km, Befreiungshalle und Archäologisches Museum 2 km, Kloster Weltenburg 6 km, Tropfsteinhöhle Schulerloch 9 km.
Kontakt: Tourist-Info Stadt Kelheim, ☎ 09441/701234, tourismus@kelheim.de, www.kelheim.de

BRAUHAUS AM TURM

Schlossstraße 1
67292 Kirchheimbolanden
Tel.: 06352/3841
www.brauhaus-am-turm.de
Öffnungszeiten: Brauhaus und Biergarten Mi-Sa 17:00-22:00 Uhr, So 17:00-22:00 Uhr, Mo und Di Ruhetag.
Das gibt's: Brauerei im Vorstadtturm, Brauhaus mit Biergarten und Restaurant, regelmäßig Veranstaltungen im Brauhaus.

STELLPLATZ

Messeplatz Herrengarten

Hitzfeldstraße
67292 Kirchheimbolanden
☎ 06352/40040
www.kirchheimbolanden.de

In zentraler Lage zur Innenstadt, Distanz zur Brauerei: 0,6 km

GPS: 49°39'58.95"N/8°0'49.53"E

Platz: = 7 auf Pflaster. =8 (16 A) GRAU . E-Bike-Ladestation, Leinenpflicht für Hunde. Aufenthalt max. 2 Tage. Bei Grauwasser-Entsorgung keine chemischen Mittel erlaubt. WLAN über Westpfalz.Freifunk.net. Ganzjährig geöffnet. Ausnahme: bei Veranstaltungen gesperrt (siehe Website).
Preis: Übernachtung gratis inkl. Entsorgung, WLAN. Strom 0,50 €/ kWh, Wasser 1 €/100 l.
Distanz: 0,1 km, 0,1 km, weitere Restaurants in 0,2 km, 0,5 km.

Freizeit: 1,9 km. Residenzfest am 2. WE im August, hist. Stadtführung durch die Kleine Residenz mit Stadtmauerbegehung, Naturschutzgebiet Drosselfels/Schwarzfels 4 km, Naherholungsgebiet Donnersberg 8 km.
POI: Schlossgarten 0,1 km, Paulskirche von 1740 mit Mozartorgel 1 km, Puppenstubenmuseum Jakobsweiler 9 km, Keltenwall Donnersberg 11 km.
Kontakt: Stadt Kirchheimbolanden, ☎ 06352/40040, vg@kirchheimbolanden.de, www.kirchheimbolanden.de

KIRNER PRIVATBRAUEREI

Kallenfelser Straße 2-4
55606 Kirn
Tel.: 06752/1340
www.kirner-bier.de
Öffnungszeiten: Mo bis Do 8:00 bis 16:30 Uhr, Fr 8:00 bis 12:00 Uhr.
Das gibt's: Älteste Privatbrauerei in Rheinland-Pfalz, seit 1798, Brauereibesichtigung mit Bierverkostung, Veranstaltungen rund ums Bier.

STELLPLATZ

Wohnmobilstellplatz am Schmisserhang

Altstadt 9
55606 Kirn
☎ 06752/135115
www.kirn.de

Etwas zurückgesetzt am Kyrburghang, unweit der Innenstadt, Distanz zur Brauerei: 0,6 km

GPS: 49°47'5.86"N/7°27'18.78"E

Platz: = 3 auf Schotter. . Öffentliches WC neben dem Info-Point auf dem Parkplatz Kiesel in 0,3 km. Ganzjährig geöffnet.
Preis: Übernachtung gratis.
Distanz: 0,4 km, 0,4 km, 0,4 km.

POI: Hist. Innenstadt 0,2 km, Whisky-Museum in der Kyrburg 1 km, Ruine Kallenfels 1 km.
Anfahrt: Zufahrt über Westring, neben Firma Natursteine Bina (Altstadt 9, 55606 Kirn).
Kontakt: Touristinfo Kirner Land, ☎ 06752/135155, touristinformation@kirn.de, www.kirn.de

BRAUHAUS JOH. ALBRECHT KONSTANZ

Konradigasse 2
78462 Konstanz
Tel.: 0231/9144320
www.brauhaus-joh-albrecht.de
Öffnungszeiten: Täglich 12:00-24:00 Uhr.
Das gibt's: Brauerei mit Gasthaus, Brauseminar samt 0,8 Liter Bier und Brauereiführung für 15 Euro, besondere Speisekarte „Die Aktion im Brauhaus".

STELLPLATZ

Parkplatz Döbele P2

Döbeleplatz
78462 Konstanz
☎ 07531/133030
www.konstanz-tourismus.de

Großparkplatz am Rande der historischen Altstadt, Distanz zur Brauerei: 1,2 km

GPS: 47°39'28.72"N/9°10'9.32"E

Platz: = 12 auf Asphalt. . Aufenthalt max. 24 h. Ganzjährig geöffnet.
Preis: 18 € inkl. aller Personen, WC, WLAN. 1,50 €/h (bis 8 h), 2 €/h (>9 h), werktags gebührenpflichtig von 9:00-20:00 Uhr. Bezahlung am Parkscheinautomat (hinterer Bereich beim WC) in Münzen, 5 €- und 10 €-Scheinen oder per SMS. Automat wechselt nicht.
Distanz: 0 km, Ⓗ 0 km, 0,2 km, 0,5 km.
Freizeit: 2 km, 5 km, 1 km. Hundestrand im Hörlepark/Schmugglerbucht ab 3 km, Lorettowald 3,6 km.

POI: Altstadt 0,2 km, Rosgartenmuseum 0,5 km, Bodensee 0,8 km, Münster/Konzil 1 km, Imperia am Hafen 1 km.
Kontakt: Stadt Konstanz, ☎ 07531/133030, kontakt@konstanz-info.com, www.konstanz-tourismus.de

BRAUEREI ANTLA

Amtsgerichtsstraße 21
96317 Kronach
Tel.: 09261/5045950
www.antla.de
Öffnungszeiten: Mo-Fr 17:00-23:00 Uhr, Sa, So und Feiertag 11.30-14:00 und 17:00-23:00 Uhr.
Das gibt's: Brauwirtshaus mit Braugarten über den Dächern Kronachs, biozertifiziert, Braukessel stehen in der Wirtschaft, urig-modernes Ambiente.

STELLPLATZ

Hammermühle

Am Sand
96317 Kronach
☎ 09261/97212
www.kronach.de

Öffentlicher Parkplatz bei den Sportanlagen am Stadtrand, Distanz zur Brauerei: 1,4 km

GPS: 50°13'51.64"N/11°19'41.96"E

Platz: = 12 auf Asphalt. =12 CHEM GRAU. Anfahrt 24 h. Beschattet. Ganzjährig geöffnet.
Preis: 5 € inkl. Entsorgung, Müll-Entsorgung. Strom 0,50 €/ kWh, Wasser 1 €/40 l. Bezahlung Strom/ Wasser in Münzen.
Distanz: 0,2 km, 0,4 km, Ⓗ 2 km, 5 km.
Freizeit: 2 km, 2 km. Rosenbergfestspiele auf der Festung im Juni/August, Landesgartenschaugelände mit Beachvolleyballfeld und Spielplatz 1 km, Sommerrodelbahn 1,5 km.

POI: Altstadt Kronach 1 km, Festung Rosenberg 1,5 km.
Kontakt: Stadt Kronach, ☎ 09261/97212, poststelle@stadt-kronach.de, www.kronach.de

KULMBACHER MÖNCHSHOF

Hofer Straße 20
95326 Kulmbach
Tel.: 09221/ 80514
www.kulmbacher-moenchshof.de
Öffnungszeiten: Di-Sa ab 11:00 Uhr, So ab 8:30 Uhr.
Das gibt's: Brauerei und museumspädagogisches Zentrum mit Bayerischem Brauerei-, Bayerischem Bäckerei- und Deutschem Gewürzmuseum, Bräuhaus mit historischem Gastraum und Biergarten, Braumeisterei auf Tour, Biermeisterschaft, Bierproben und -seminare im Museum.

DIREKT DRAN

STELLPLATZ

Museen im Kulmbacher Mönchshof – Bayerisches Brauerei-, Bäckerei- und Deutsches Gewürzmuseum

Hofer Straße 20
95326 Kulmbach-Blaich
☎ 09221/80514
www.kulmbacher-moenchshof.de

Auf dem Parkplatz des Kulmbacher Mönchshof, Distanz zur Brauerei: 0,2 km

GPS: 50°6'50.17"N/11°28'7.83"E

Platz: = 15, = 6 (< 12 m) auf Schotter. . Aufenthalt max. 24 h, bei Aufenthalt über 2 Tage voranmelden. Ganzjährig geöffnet.
Preis: Für Restaurantgäste und Museumsbesucher kostenlos. Einkehr/Besuch obligatorisch.
Distanz: Ⓗ 0,1 km, 0,1 km, weitere Restaurants in 0,5 km, 1 km, 1 km.

Freizeit: 0,8 km, 1,5 km, 2 km. Museumsführung und Bierprobe/Bierseminare mit Anmeldung, Gläserne Brauerei, Burgführung.
POI: Altstadt Kulmbach 1 km, Plassenburg 2 km.
Kontakt: Mönchshof-Bräuhaus, ☎ 09221/80514, info@kulmbacher-moenchshof.de, www.kulmbacher-moenchshof.de

RUPP-BRÄU GMBH

Feggendorfer Straße 10
31867 Lauenau
Tel.: 05043/2275
www.ruppbraeu.de
Öffnungszeiten: Brauhaus:
Mi-Fr 17:00 Uhr, Sa- So 11:00 Uhr.
Das gibt's: Brauereibesichtigung für 5 Euro und Bierbrau-Seminar nach Voranmeldng ab 65 Euro, beides nach Voranmeldung, Brauhaus-Restaurant, Alte Gaststube, Eiskeller, Biergarten. Bier und Essen zum Mitnehmen.

DIREKT DRAN

STELLPLATZ

Brauhaus Felsenkeller

Feggendorfer Straße 10
31867 Lauenau
☎ 05043/2275
www.ruppbraeu.de

Parkplatz am Brauereigasthof, Distanz zur Brauerei: 0 km

GPS: 52°16'44.00"N/9°22'11.00"E

Platz: = 10, = 3 (< 12 m) auf Schotter. WC. WC der Brauerei ab 11:00 Uhr geöffnet, begrenzte Anzahl an Stellplätzen mit Strom. Ganzjährig geöffnet.
Preis: Für Restaurantgäste kostenlos. Einkehr obligatorisch.
Distanz: , 0,5 km, 0,8 km.
Gastro: Restaurant im Brauhaus, warme Küche 12:00-22:00 Uhr.

Freizeit: 1 km, 8 km, 8 km. Brauereibesichtigung, Eishalle Lauenau 1 km, Steinhuder Meer 18 km.
POI: Schlösser und Herrensitze in Lauenau, hist. Flecken mit niedersächsischen Fachwerkhäusern 0,2 km.
Kontakt: Thomas Rupp, ☎ 05043/2275, mail@ruppbraeu.de, www.ruppbraeu.de

BRAUHAUS LAUTERECKEN

Bahnhofstraße 1
67742 Lauterecken
Tel.: 06382/8588
www.brauhaus-lauterecken.de
Öffnungszeiten: Di bis So
11:00 bis 22:00 Uhr.
Das gibt's: Brauhaus im Bahnhofsgebäude, die Lage an einer beliebten Draisinenstrecke steigert den Freizeitwert erheblich.

STELLPLATZ

Wohnmobilstellplatz Villa Toskana

Friedhofweg 3a
67742 Lauterecken
☎ 06382/92170
www.schellerhaus.de

Von Gärten umgebener, ruhiger Stellplatz an Villa Toskana, Distanz zur Brauerei: 0,7 km

GPS: 49°39'0.59"N/7°35'16.32"E

Platz: P / = 30 auf Schotter. =24 (6/16 A) WC CHEM GRAU . Pavillon mit Grillmöglichkeit. nur bei Gruppen. Beleuchtet. Für Clubtreffen geeignet. Ganzjährig geöffnet.

Preis: 10 € inkl. Entsorgung, Müll-Entsorgung. Strom 1 € oder 1 €/2 kWh, Wasser 1 €/80 l, Dusche 1 €/5 min, WC 5 €.

Distanz: 0,3 km, 0,9 km, 0,2km, Ⓗ 0,6 km.

Gastro: Restaurant Lauterecker Toskana am Platz (Tel. 06382/4030024). Mo+Di Ruhetag. Brötchenservice, warme Küche 11:30-22:00 Uhr.

Freizeit: 2,5 km, 0,4 km. Boule-Turnierplatz, Angeln, Lautertal-Radweg, Draisinentour, Planwagen-/Kutschfahrten, Kanu-, Tretboot-/Ruderboot fahren, Nordic-Walking-Strecken.

POI: Schloss Veldenz 0,5 km, Kalksteinbergwerk Wolfstein 15 km.

Kontakt: Frau Michel, ☎ 06382/92170, info@schellerhaus.de, www.schellerhaus.de

BRAUEREI CLEMENS HÄRLE

Am Hopfengarten 5
88299 Leutkirch im Allgäu
Tel.: 07561/98280
www.haerle.de
Öffnungszeiten: Gasthof Mohren Mo-Sa 11:00-22:00 Uhr, So und Feiertag 11:00-21:00 Uhr.
Das gibt's: Brauerei seit 1897, erste klimaneutrale Brauerei Deutschlands mit Gasthof, Brauereibesichtigung für 7 Euro nach Voranmeldung, ein Bier inklusive.

STELLPLATZ

Wohnmobilstellplatz Leutkirch

Kemptener Straße 62
88299 Leutkirch im Allgäu
☎ 07561/87154
www.leutkirch.de

Auf einem 2.730 qm großen Gelände, gegenüber vom Freibad Stadtweiher, Distanz zur Brauerei: 1,4 km

GPS: 47°49'20.04"N/10°2'21.97"E

Platz: P = 14 auf Rasengittersteinen. =16 (16 A) CHEM GRAU . Hundetoilette. Altstadtnah und mitten im Grünen. Ganzjährig geöffnet.

Preis: 8 € inkl. aller Personen, Entsorgung, Müll-Entsorgung, WLAN. Strom 0,50 €/ kWh, Wasser 1 €/100 l oder 0,10 €/10 l. Dusche/WC im Freibad Stadtweiher (nur zu den Freibad-Öffnungszeiten von Mai-September). Parkschein-Abriss (Gästekarte) für einen kostenfreien Eintritt an der Badkasse vorlegen.

Distanz: Ⓗ 0,5 km, 0,5 km, weitere Restaurants in 1,4 km, 1 km, 1,2 km.

Gastro: Gasthof Bayrischer Hof. Brötchenservice (Bestellung unter 07561/3741).

Freizeit: Trimm-Dich-Pfad, Nordic-Walking-Parcours, Angeln, Wander- und Radwege, Liegewiese und Spielplatz am Freibad, Loipen im Winter, Tennis, Minigolfplatz in direkter Nähe, Freibad 0,1 km, Kneippbad 0,8 km, Center Parcs Park Allgäu 6 km.

POI: Museum im Bock 1,4 km, hist. Altstadt 1,4 km, Schloss Zeil 5 km, Galluskapelle an A96 7 km, Glasmacherdorf Schmidsfelden 8 km.

Kontakt: Touristinfo Leutkirch, ☎ 07561/87154, touristinfo@leutkirch.de, www.leutkirch.de

LICHER PRIVATBRAUEREI

Jhring-Melchior GmbH
In den Hardtberggärten
35423 Lich
Tel.: 06404/820
www.licher.de
Öffnungszeiten: Brauereibesichtigung auf Anfrage.
Das gibt's: Brauereibesichtigung für 10 Euro, Brauseminar, Gastronomie-Schulungszentrum.

STELLPLATZ

Wohnmobilstellplatz Lich

Ringstraße am Bürgerpark
35423 Lich
☎ 06404/8060
www.lich.de

Parkplatz in zentraler Lage zur Innenstadt, Distanz zur Brauerei: 0,6 km

GPS: 50°30'59.29"N/8°49'20.22"E

Platz: = 4 auf Schotter. . Leinenpflicht für Hunde. Aufenthalt max. 3 Tage. Ganzjährig geöffnet.
Preis: Übernachtung gratis. Strom 1 €/2 kWh, Wasser 1 €/90 l.
Distanz: 0,2 km, 0,2 km, 0,3 km, weitere Restaurants in 0,4 km, Ⓗ 0,3 km.
Gastro: Mehrere Restaurants, Cafés, Eisdielen im Ort.
Freizeit: 2 km, 0,5 km. Rund- und Themenwanderwege, Themenradwege, Radroute von Römern, Golfplatz 1,5 km, Naturpark Hoher Vogelsberg 30 km.
POI: Pforte Ober-Bessingen mit Rotkreuz-Museum, Altstadt, begehbarer Stadtturm und Marienstiftskirche 0,5 km, Klosterruine Arnsburg 5 km, Limes, Aussichtsturm und römisches Kastell 6,5 km.
Kontakt: Stadt Lich, Christiane Agel, ☎ 06404/8060, info@lich.de, www.lich.de

BRAUEREI BECK

Steigerwaldstraße 8
96170 Lisberg
Tel.: 09549/252
www.beck-braeu.de
Öffnungszeiten: Gasthof: Fr-So ab 16:00 Uhr. Brauerei: Di-Fr 8:00-17:00 Uhr, Sa 8:00-13:00 Uhr.
Das gibt's: Fränkische Erlebnis-Brauerei mit Besichtigung samt Verkostung ab 10 Euro, Brauseminar und kleines Brauereimuseum, Bierverkostung im Lagerkeller.

STELLPLATZ

Wohnmobilstellplatz Altes Kurhaus Trabelsdorf

Seeleite 1
96170 Lisberg-Trabelsdorf
☎ 09549/1247
www.altes-kurhaus.de

In ruhiger Lage im Steigerwald nahe Bamberg, Distanz zur Brauerei: 0,4 km

GPS: 49°53'29.45"N/10°43'35.55"E

Platz: = 6 auf Schotter, Schotterrasen. WC GRAU . Ganzjährig geöffnet. Anfahrt auch am Ruhetag. Leinenpflicht für Hunde. Ganzjährig geöffnet.

Preis: 15 € inkl. Entsorgung, Dusche, WC, WLAN. Strom 0,50 €/ kWh, Wasser 0,10 €/10 l. Bezahlung im Hotel/an der Rezeption.

Distanz: , weitere Restaurants in 0,5 km, Ⓗ 0,6 km, 1,1 km.

Gastro: Restaurant im Alten Kurhaus, Mo-Mi 15:00-22:00 Uhr, Fr-Sa 11:30-22:00 Uhr, So 11:00-22:00 Uhr, Do Ruhetag. Hofladen (eigene Produkte, frische/geräucherte Fische, Wild-Produkte). Brötchenservice (7:30-10:00 Uhr) im Hotel.

Freizeit: E-Bike-Verleih, Bierecke Wanderweg (14 Brauereien auf 14 km), Naturbadesee.

Kontakt: Altes Kurhaus, Herr Jürgen Grimmer, ☎ 09549/1247, info@altes-kurhaus.de, www.altes-kurhaus.de

BRAUEREI HÖNIG

Ellerbergstraße 15
96123 Litzendorf-Tiefenellern
Tel.: 09505/391
www.brauerei-hoenig.de
Öffnungszeiten: Mo-Fr 15:00-22:00 Uhr, Sa und So/Feiertag 10:30-22:00 Uhr, Donnerstag Ruhetag.
Das gibt's: Brauerei in der fränkischen Toskana, Gasthof mit fränkischer Hausmannskost, Biergarten, auch für Wanderer und Radler.

STELLPLATZ

Parkplatz Tiefenellern

Ellenbergstraße 1
96123 Litzendorf-Tiefenellern
☎ 09505/8064106
www.fraenkische-toskana.com

Am westlichen Ortseingang, Distanz zur Brauerei: 0,2 km

GPS: 49°55'9.47"N/11°4'12.88"E

Platz: = 5 auf Schotter. . Ganzjährig geöffnet.
Preis: Übernachtung gratis.
Distanz: , weitere Restaurants in 2 km, 0,2 km, Ⓗ 0,2 km, 5 km.
Gastro: Brauerei Hönig/Gasthof Zur Post Tiefenellern.
Freizeit: 13 km, 13 km. Kunst-/Besinnungsweg 3 km.

POI: Fränkische Straße der Skulpturen 0,6 km, Johann-Dientzenhofer-Kirche 3,7 km, Grabhügelfeld 4 km, Skulpturenweg Figur im Fokus 7 km, Sängerehrenmal 7 km, Schloss Seehof 9 km.
Kontakt: Tourist-Info Fränkische Toskana, ☎ 09505/8064106, info@fraenkische-toskana.com, www.fraenkische-toskana.com

BRAUEREI HÖLZLEIN

Ellertalstraße 13
96123 Litzendorf-Lohndorf
Tel.: 09505/357
www.facebook.com/brauerei.hoelzlein
Öffnungszeiten: Mo, Do und Fr 16:00-22:00 Uhr, Sa und So 15:00-22:00 Uhr, Di und Mi Ruhetage.
Das gibt's: Brauerei seit mehr als 225 Jahren, Vollbier vom Fass und hausgemachte Brotzeiten aus Hausschlachtung.

STELLPLATZ

Stellplatz Lohndorf

Lohntalstraße 15
96123 Litzendorf-Lohndorf
☎ 09505/8064106
www.fraenkische-toskana.com

Auf dem Parkplatz unterhalb des Landhaus Lohntal, Distanz zur Brauerei: 0,6 km

GPS: 49°55'10.06"N/11°2'51.17"E

Platz: = 4 auf Sand/Splitt, Schotter. ♿ . Ganzjährig geöffnet.
Preis: Übernachtung gratis.
Distanz: 0,5 km, Ⓗ 0,5 km, 0,2 km, weitere Restaurants in 2 km, 3 km.
Freizeit: 11 km, 11 km. Wandern auf dem 13-Brauereien-Weg, Tennisplatz.

POI: Skulpturenweg ab 0,5 km, Pfarrkirche 3 km, Johann-Dientzenhofer-Kirche 3 km, Schloss Seehof 8 km, Weltkulturerbe Bamberg 12 km.
Kontakt: Tourist-Info Fränkische Toskana, Bianca Müller, ☎ 09505/8064106, info@fraenkische-toskana.com, www.fraenkische-toskana.com

ERLEBNISBRAUEREI LOHMAR

Meigermühle 2
53797 Lohmar
Tel.: 02246/3038265
www.erlebnisbrauerei-lohmar.de
Öffnungszeiten: Mo-Do 15:00-19:00 Uhr, Fr 14:00-19:00 Uhr, Sa 10:00-18:00 Uhr, weitere Öffnungszeiten nach Vereinbarung.
Das gibt's: Brauereiführung samt Bierverkostung für 9 Euro, Braukurs mit Planwagenfahrt, Frühstück und Mittagessen in der Gammersbacher Mühle für 90 Euro, Biertastings, Sommelierabende.

DIREKT DRAN

STELLPLATZ

Caravan- und Wohnmobilhafen Meigermühle

Meigermühle 1
53797 Lohmar
0177/1689642
www.camping-meigermuehle.de

An einem Badefluss im Landschaftsschutzgebiet, Distanz zur Brauerei: 0,1 km

GPS: 50°51'45.84"N/7°12'45.10"E

Platz: = 10 auf SchotterSchotterrasen. =10 (16 A) WC CHEM GRAU. R wird empfohlen. Ankunft bis 21:00 Uhr, spätere Ankunft nach tel. Absprache. Ganzjährig geöffnet.
Preis: 20 € inkl. Strom, Dusche, WC, Müll-Entsorgung, WLAN. Jede weitere Person 5 €, Kind (bis 12 Jahre) 1 €, Entsorgung 2,50 €, VE für Durchreisende 2,50 €, Waschmaschine/Trockner je 2 €.
Distanz: , 0,1 km, 3 km, 3 km.
Gastro: Restaurant Meigermühle am Platz, geöffnet Di-Do und So 12:00-21:00 Uhr, Fr/Sa 12:00-22:00 Uhr. Erlebnisbrauerei Lohmar am Platz.
Freizeit: ÖPNV nach Köln, Bonn und Königswinter, Bolz-/Minigolfplatz, 2 Tennisplätze, Baden im Fluss, Badminton.
POI: Abtei in Siegburg 7 km, Bonn 25 km, Köln mit Dom 25 km, Königswinter mit Riesenaquarium 25 km.
Kontakt: Martina Hackmann, Mobil: 0173/2727859, meiger-camping@web.de, www.camping-meigermuehle.de

MECKLENBURGISCHE BRAUEREI LÜBZ

Eisenbeissstraße 1
19386 Lübz
Tel.: 038731/36204
www.luebzer.de
Öffnungszeiten: Mo-Sa 10:00-12:00 und 13:00-20:00 Uhr.
Das gibt's: Brauereibesichtigung für 5 Euro samt Verkostung, zwei Getränke, einer Brezel und kleinem Geschenk, Voranmeldung erforderlich.

STELLPLATZ

Stellplatz im Hafen am Speicher

Am Hafen 2a
19386 Lübz
0172/3033955
www.hafen-am-speicher.de

Marina an der Müriz-Elde-Wasserstraße, Distanz zur Brauerei: 1,4 km

GPS: 53°28'14.43"N/12°1'52.35"E

Platz: / = 28 auf Schotterrasen. =28 (16 A) WC CHEM GRAU . Leinenpflicht für Hunde. Kranen von eigenen Booten nach tel. Anmeldung möglich. Abreise bis spätestens 11:00 Uhr, unbegrenzte Aufenthaltsdauer. Geöffnet: 15.4.-1.11.

Preis: 15 € inkl. WC, Müll-Entsorgung, Grauwasser-Entsorgung. Jede weitere Person 2,50 €, Kind (3-14 Jahre) 1,50 €, Strom 0,60 €/ kWh, Wasser 1 €/100 l, Dusche 1 €/4 min, Hund 1 €, Waschmaschine/Trockner je 4 €, Chem-Entsorgung 2 €.

Distanz: 0,3 km, 0,5 km, 1 km, 1 km.

Freizeit: 5 km, 1 km. Straußenfarm in Riederfelde, Brauereibesichtigung Mecklenburgischen Brauerei Lübz, Planetarium.

Kontakt: Herr Hafenmeister, Mobil: 0172/3033955, hafenamspeicher@web.de, www.hafen-am-speicher.de

■ MÄLZER BRAUHAUS

Heiligengeiststraße 43
21335 Lüneburg
Tel.: 04131/47777
www.maelzerbrauhaus.de
Öffnungszeiten: So bis Fr ab 11:00 Uhr, Sa ab 9:00 Uhr.
Das gibt's: Brau- und Tafelhaus zu Lüneburg, Brauerei im Gasthof mit Gewölbekeller, dort Kunst und Konzerte.

STELLPLATZ

Wohnmobilstellplatz Sülzwiesen

Am Bargenturm
21335 Lüneburg
☎ 04131/3098099
www.lueneparken.de

Stadtnaher Stellplatz im Bereich der Sülzwiesen, Distanz zur Brauerei: 0,8 km

GPS: 53°14'44.05"N/10°23'50.82"E

Platz: = 69 auf Pflaster. =69 (6,5 A) WC CHEM GRAU. Städtisches WC 0,1 km (7:00-19:00 Uhr). Ganzjährig geöffnet.
Preis: 15 € inkl. aller Personen, Strom, Entsorgung, Müll-Entsorgung. Wasser 1 €/10 min.
Distanz: , 0,2 km, Ⓗ 0,2 km, 0,5 km.
Gastro: Kiosk 0ab 11:00 Uhr geöffnet.
Freizeit: 4 km, 0,5 km, 3 km. Stadt- und Rathausführung, Minigolf 0,1 km.

POI: Hist. Altstadt, hist. Rathaus, Deutsches Salzmuseum 0,3 km, St. Johanniskirche 1 km, Rathaus 1,5 km, Kloster Lüne 5 km.
Kontakt: Lüneparken, ☎ 04131/3098099, info@parken.lueneburg.de, www.lueneparken.de

BRAUHAUS WITTENBERG

Markt 6
06886 Lutherstadt Wittenberg
Tel.: 03491/433130
www.brauhaus-wittenberg.de
Öffnungszeiten: Mo-Fr ab 17:00 Uhr, Sa ab 11:00 Uhr, So 11:00-15:00 Uhr.
Das gibt's: Hotel-Restaurant mit Brauhaus und Adlerschänke, Brauereiführung Fr und Sa 16:00 Uhr, So 11:00 Uhr, für 13 Euro, Bierseminar für 37,90 Euro.

STELLPLATZ

Stellplatz Wittenberg

Platz der Jugend
06886 Wittenberg/Lutherstadt
☎ 03491/498610
www.lutherstadt-wittenberg.de

Stellplatz im Zentrum von Wittenberg, Distanz zur Brauerei: 0,9 km

GPS: 51°52'3.00"N/12°37'53.00"E

Platz: P / = 5 auf Asphalt. . Ganzjährig geöffnet.
Preis: Übernachtung gratis.
Distanz: 0,2 km, 0,2 km, 0,2 km, weitere Restaurants in 0,6 km, Ⓗ 0,2 km.
Freizeit: Alaris Schmetterlingspark 2,7 km.
POI: Schlosskirche 0,6 km, Lutherhaus 2,3 km.

Kontakt: Tourist-Info Wittenberg, ☎ 03491/498610, info@lutherstadt-wittenberg.de, www.lutherstadt-wittenberg.de

EULCHEN BRAUEREI MAINZ

Kupferbergterrasse 17
55116 Mainz
Tel.: 06131/5542002
www.eulchenbier.de
Öffnungszeiten: Brauereiausschank Di -Sa ab 17:30 Uhr.
Das gibt's: Inhabergeführte Privatbrauerei im historischen Kupferberg, Führungen nach Voranmeldung für 19 Euro samt drei Bier, Schlossbiergarten und Trinkhalle.

STELLPLATZ

Wohnmobilstellplatz Mainz

Dr.-Martin-Luther-King-Weg 21
55122 Mainz
☎ 01573/1949711
www.wohnmobilstellplatz-mainz.de

In ruhiger Lage mit guter Anbindung an die Innenstadt, Achtung: Umweltzone, Anfahrt ohne Plakette über A60 Ausfahrt 19, Distanz zur Brauerei: 1,0 km

GPS: 49°59'54.18"N/8°14'47.43"E

Platz: = 60 auf Pflaster, Schotter, Sand/Splitt. =60 (16 A) CHEM GRAU. Leinenpflicht für Hunde. Ganzjährig geöffnet.
Preis: 12 € inkl. Entsorgung, Müll-Entsorgung, WLAN. Strom 0,70 €/ kWh, Wasser 1 €/100 l.
Distanz: Ⓗ 0,1 km, 0,2 km, 0,2 km, weitere Restaurants in 0,2 km, 2,2 km.
Gastro: Restaurant Haasekessel 0,2 km.
Freizeit: 0,5 km, 0,5 km. Stadtbesichtigung, Stadion 0,2 km, Botanischer Garten 0,6 km, Marktfrühstück 2,2 km.
POI: Stephanskirche mit Chagall-Fenster 2 km, Dom 2,2 km, Gutenberg-Museum 2,2 km, Römisches Schifffahrtsmuseum 3 km.

Anfahrt: An- und Abfahrt ohne Plakette ausschließlich über die A60 Ausfahrt 19 von Süden Mainz/Drais/Gonsenheim, von Norden Mainz/Finthen/Innenstadt, über die L419 Saarstraße Abfahrtschild SWR/Eissporthalle/Parkplatz links über die Brücke, nach 200 m links zum Parkplatz.
Kontakt: Werner Bradatsch, ☎ 01573/1949711, info@wohnmobil-stellplatz-mainz.de, www.wohnmobil-stellplatz-mainz.de

BRAUEREI MAISACH

Hauptstraße 24
82216 Maisach
Tel.: 08141/395570
www.brauerei-maisach.de
www.wirtshaus-maisach.de
Öffnungszeiten: Bräustüberl täglich 11:30-20:30 Uhr, Di Ruhetag.
Das gibt's: Brauerei seit 1556, Braustüberl, Brauereiführung für 10 Euro nach Voranmeldung, Räuber-Kneißl-Museum.

STELLPLATZ

Reisemobil-Stellplatz am Freibad

Am Bad 1
82216 Maisach
☎ 08141/937215
www.maisach.de

In Ortsrandlage am Freibad, Distanz zur Brauerei: 1,2 km

GPS: 48°13'19.25"N/11°15'25.65"E

Platz: = 3 auf Schotter, Wiese. . Ganzjährig geöffnet.
Preis: Übernachtung gratis inkl. WC.
Distanz: 0,4 km, 0,4 km, 0,4 km, 0,4 km.

Freizeit: 0,1 km.
POI: Kloster Fürstenfeld 4 km.
Kontakt: Patrick Ludwig, ☎ 08141/937215, info@maisach.de, www.maisach.de

TROLLS BRAUHAUS & HOTEL

Oberstraße 28-30
59964 Medebach
Tel.: 02982/9298490
www.trolls-brauhaus.de
Öffnungszeiten: Di-Fr ab 17:00 Uhr, Sa ab 15:00 Uhr, So ab 11:00 Uhr.
Das gibt's: Erlebnisgastronomie mit Brauhaus und Restaurant, Führungen durch das Brauhaus ab 7,50 Euro.

STELLPLATZ

Wohnmobilstation Schützenplatz

Schützenstraße (Parkplatz)
59964 Medebach
☎ 02982/9218610
www.medebach-touristik.de

In Zentrumsnähe,
Distanz zur Brauerei: 1,0 km

GPS: 51°11'36.84"N/8°42'9.18"E

Platz: = 4 auf Rasengittersteine. =4 GRAU. Ganzjährig geöffnet.
Preis: Übernachtung gratis. Strom 1 €/2 h, Wasser 1 €/50 l.
Kontakt: Touristik-Gesellschaft Medebach, ☎ 02982/9218610, info@medebach-touristik.de, www.medebach-touristik.de.
Distanz: 0,3 km, 0,5 km, weitere Restaurants in 0,7 km, 0,6 km.
Freizeit: 0,5 km, 2 km, 2 km. Wintersport, Mountainbiking.

POI: Burg Lichtenfels, Ruine Goldenberg, Marktplatz 0,7 km, Städtisches Museum 1 km, Erlebnisbad Aqua Mundo Center Parcs Hochsauerland 2 km, Europäisches Vogelschutzgebiet Medebacher Bucht 2 km, Sport- und Freizeitwelt Aventura mit Europas längstem Spielgerät 2,5 km.
Kontakt: Touristik-Gesellschaft Medebach, ☎ 02982/9218610, info@medebach-touristik.de, www.medebach-touristik.de

HOTEL BRAUEREI GASTHOF HÖHN

Hauptstraße 11
96117 Memmelsdorf
Tel.: 0951/406140
www.hotel-gasthof-hoehn.de
Öffnungszeiten: Gasthof: täglich 10:00-22:00 Uhr, Bierkeller von Mai bis September 16:00-22:00 Uhr.
Das gibt's: Braumanufaktur, Brauereibesichtigung mit Verkostung für 12,50 Euro, wer das Sommelierglas behält, bezahlt 17,50 Euro, Bierkeller.

DIREKT DRAN

STELLPLATZ

Hotel Brauerei Gasthof Höhn

Hauptstraße 11
96117 Memmelsdorf
☎ 0951/406140
www.gasthof-hoehn.de

Großer Parkplatz der Kleinbrauerei Höhn, neben einer Wiese und am Bach, Distanz zur Brauerei: 0,2 km

GPS: 49°55'56.05"N/10°57'5.01"E

Platz: = 3 auf Asphalt. Stellplatz telefonisch oder bei Ankunft im Gasthof anmelden. Ganzjährig geöffnet.
Preis: 5 €. Für Restaurantgäste kostenlos.
Distanz: , 0,1 km, Ⓗ 0,2 km, 0,4 km.
Gastro: Mo-So 10:00-22:00 Uhr, Mittagstisch und Abendessen, Frühstück im Hotel.
Freizeit: 5 km. Brauereiführungen auf Voranmeldung, Radwandern.
POI: Schloss Seehof 0,5 km, UNESCO-Weltkulturerbe Stadt Bamberg 5 km.

Kontakt: Hotel Brauerei Gasthof Höhn, Georg Höhn, ☎ 0951/406140, info@gasthof-hoehn.de, www.gasthof-hoehn.de

FRANKENHOTEL DREI KRONEN MEMMELSDORF

Hauptstraße 19
96117 Memmelsdorf
Tel.: 0951/944330
www.drei-kronen.de
Öffnungszeiten: So-Do 11:30-22:00 Uhr, Fr und Sa 11:30-23:00 Uhr.
Das gibt's: Brauerei seit 1457 mit Gasthof, Brauereibesichtigung ab 15 Euro, Brauerschmaus für 39 Euro, Bierkulinarium 49 Euro, alles online zu buchen, Bierkulturfest im Mai, Biergarten mit fränkisch-moderner Küche.

STELLPLATZ

Wohnmobilstellplatz Memmelsdorf Seehofblick

An Kreisstraße BA5
zwischen Memmelsdorf und Pödeldorf
96117 Memmelsdorf
☎ 09505/8064106
www.fraenkische-toskana.com

Zentrumsnaher Stellplatz mit Blick auf Schloss Seehof, Distanz zur Brauerei: 0,7 km

GPS: 49°55'44.36"N/10°57'8.64"E

Platz: P = 5 auf Pflaster. =5 CHEM GRAU. Glas- und Weißblechcontainer in der Meedensdorfer Straße (am Höhns Keller) 0,8 km. 4 Ladesäulen für E-Autos in 0,1 km. Ganzjährig geöffnet.
Preis: 10 € inkl. aller Personen, Entsorgung. Strom 0,50 €/ kWh, Wasser 1 €/100 l. Gebühr zu entrichten an der Spendensäule.
Distanz: 0,2 km, 0,3 km, 0,4 km.

Gastro: Hotel & Brauereigasthof Drei Kronen. Café-Restaurant Schloss Seehof. Hotel-Brauerei Gasthof Höhn.
Freizeit: 0,5 km. Skulpturenweg Litzendorf-Memmelsdorf, Besichtigungen.
POI: Schloss Seehof, Seehofhalle, Memmelsdorf.
Kontakt: Tourist-Information Fränkische Toskana, ☎ 09505/8064106, info@fraenkische-toskana.com, www.fraenkische-toskana.com

VULKAN BRAUEREI

Laacher-See-Straße 2
56743 Mendig
Tel.: 02652/520330
www.vulkan-brauerei.de
Öffnungszeiten: Mo-So 11:00-23:00 Uhr.
Das gibt's: Gläserne Brauerei mit Brauhaus und Biergarten, Bierverkostung für 17 Euro, Brauerei- und Führungen in den tiefsten Bierkeller der Welt für 11 Euro. Möglichkeit, eigenes Logo auf die Bierflasche machen zu lassen.

STELLPLATZ

Stellplatz beim Lava-Dome

Brauerstraße10
56743 Mendig
☎ 02652/9399222
www.lava-dome.de

Am Deutschen Vulkan-Museum, Distanz zur Brauerei: 0,4 km

GPS: 50°22'36.84"N/7°17'3.37"E

Platz: = 12 auf Sand/Splitt, Schotter. =12 CHEM GRAU. Aufenthalt max. 72 h, leicht abschüssige Stellflächen. Ganzjährig geöffnet.
Preis: 5 €. Strom 0,50 €/ kWh, Wasser 1 €/80 l.
Distanz: 0,2 km, weitere Restaurants in 0,4 km, Ⓗ 0,5 km, 0,5 km, 1 km.

Gastro: Vulkan-Brauhaus mit Felsenkeller.
Freizeit: 1 km. Besuch des Lava-Dome.
POI: Deutsches Vulkan-Museum 0,2 km, Wingertsbergwand 2 km, Kloster Maria Laach 4 km.
Kontakt: Lava-Dome, ☎ 02652/9399222, info@lava-dome.de, www.lava-dome.de

MERZIGER BRAUHAUS AM YACHTHAFEN

Saarwiesenring 6
66663 Merzig
Tel.: 06861/791656
www.merzigerbrauhaus.de
Öffnungszeiten:
Täglich ab 12:00 Uhr.
Das gibt's: Brauhausführungen mit dem Braumeister ohne Vesper für 12,50 Euro, mit Vesper 22,50 Euro, Weißwurstführung 19,50 Euro, saisonale Biere, Biergarten mit Spielplatz und Blick auf Jachthafen.

STELLPLATZ

Das Bad Merzig

Saarwiesenring 3
66663 Merzig
☎ 06861/770730
www.dasbadmerzig.de

Gekennzeichnete Stellplätze auf dem Parkplatz, Distanz zur Brauerei: 0,4 km

GPS: 49°26'44.67"N/6°37'29.16"E

Platz: P / = 32 auf Schotterrasen, Schotter. =12 (16 A) WC CHEM GRAU . Wellness-Angebote. Pedelec-Lademöglichkeit nur im Foyer gratis. Stellplätze sind jeweils mit Schranken abgesperrt, Schlüssel für die Schranken gegen Pfand.Ganzjährig geöffnet.

Preis: 7,50 € inkl. aller Personen, Strom. Wasser 2 €, Entsorgung 2 €. Inkl. 10 % Rabatt auf alle Eintrittstarife ins Bad. Stellplatz ohne Strom und Rabatt 2,50 €. Schlüsselpfand 50 €.

Distanz: 0,1 km, 2 km, 2 km, Ⓗ 2 km.

Freizeit: 3 km, 1 km. Schifffahrt auf der Saar, Garten der Sinne 5 km, Wolfspark 6 km.

POI: Bildhauersymposium Steine an der Grenze 3 km, Burg Montclair 5 km, Wolfsparkgehege 6 km, Saarschleife 12 km.

Kontakt: Merziger Bäder, ☎ 06861/770730, info@das-bad-merzig.de, www.dasbadmerzig.de

METTLACHER ABTEI-BRÄU

Bahnhofstraße 32
66693 Mettlach
Tel.: 06864/93232
www.abtei-brauerei.de
Öffnungszeiten: März bis Dezember Di-So 12:00-22:00 Uhr, Januar und Februar Do-So 12:00-22:00 Uhr.
Das gibt's: Erlebnisbrauerei mit Gaststätte, Platz für 250 Personen im Sudhaus, auf der Galerie oder im Nebenzimmer, der Hopfenstube, Biergarten mit Blick auf den Stellplatz, Regionalshop.

DIREKT DRAN

STELLPLATZ

Erlebnis-Brauerei Mettlach/ P6 Ziegelbrücke

Bahnhofstraße 32
66693 Mettlach
☎ 06865/91150
www.tourist-info.mettlach.de

Auf einem öffentlichen Parkplatz am Restaurant, Distanz zur Brauerei: 0,1 km

GPS: 49°29'54.05"N/6°35'46.38"E

Platz: = 6 auf Schotter. GRAU. Ganzjährig geöffnet.
Preis: 5 € inkl. Wasser, Entsorgung, WC, Müll-Entsorgung. Bezahlung per SMS oder in der Tourist-Info.
Distanz: 0,5 km, 0,5 km, 0,5 km, 0 km.
Gastro: Am Platz. Brauerei- und Bio-Senf-Verkauf.
Freizeit: 1 km, 8 km, 0,8 km. Brauereiführung, Rad- und Wanderwege, Bootsrundfahrten auf der Saar 0,2 km, Schiffsanlegestelle 0,4 km, Freizeitpark 5 km, Wolfsfreigehege 6 km.

POI: Alter Turm 0,2 km, Keravision und Keramikmuseum von Villeroy & Boch 0,2 km, Abtei-Park mit Erdgeist 0,2 km, Burg Montclair an der Saarschleife 4 km.
Kontakt: Saarschleife Touristik, ☎ 06865/91150, tourist@mettlach.de, www.tourist-info.mettlach.de

BRAUHAUS FAUST

Hauptstraße 219
63897 Miltenberg
Tel.: 09371/97130
www.faust.de
Öffnungszeiten: Brauerei-Laden: Januar bis März: Mo-Fr 8:00-17:00 Uhr, April bis Oktober Mo-Fr 8:00-18:00 Uhr, Sa 10:00-18:00 Uhr, So 11:00-16:00 Uhr, November und Dezember Mo-Fr 8:00-18:00 Uhr, Sa 10:00-16:00 Uhr
Das gibt's: Brauerei mit Gasthaus, Erlebnisführungen und Braukurse gegen Voranmeldung, Verkauf im eigenen Laden.

STELLPLATZ

Wohnmobilstellplatz am Schwertfegertor

Mainzer Straße
63897 Miltenberg
☎ 09371/404119
www.miltenberg.info

In zentrumsnaher Lage, nahe dem Schwarzviertel, Distanz zur Brauerei: 0,6 km

GPS: 49°42'18.37"N/9°15'31.08"E

Platz: = 20 auf Schotter. WC. Aufenthalt max. 3 Tage. Ganzjährig geöffnet.
Preis: Übernachtung gratis.
Distanz: Ⓗ 0,1 km, 0,4 km, 0,5 km.
Gastro: Restaurants in der Innenstadt ab 0,5 km.
Freizeit: 0,1 km, 0,1 km. Stadtführungen, Brauereiführungen,Bootfahren, Schiffsrundfahrten, Minigolf, Bismarckweg, Wanderwege im Odenwald, Main-Radweg, Stadtpark mit Vogelvolieren 1,6 km.
POI: Hist. Marktplatz (Schnatterloch) 0,8 km, Riesen (älteste Fürstenherberge Deutschlands) 1 km, Mildenburg 1 km, Martinskapelle und Rathaus Bürgstadt 3,1 km, Kloster Engelberg in Großheubach 4,6 km.
Kontakt: Stadt Miltenberg, ☎ 09371/404119, tourismus@miltenberg.info, www.miltenberg.info

BRAUEREI MITTENWALD

Innsbrucker Straße 13
82481 Mittenwald
Tel.: 08823/1007
www.brauerei-mittenwald.de
Öffnungszeiten: Brauereigaststätte Postkeller Do-Mo 11:00-22:30 Uhr.
Das gibt's: Traditionsbrauerei seit 1864, regionale Produkte, drei Gaststätten in Mittenwald, Brauereigaststätte Postkeller.

STELLPLATZ

Wohnmobilstellplatz Karwendel-Mittenwald

Albert-Schott-Straße 35
82481 Mittenwald
☎ 08823/5216
www.karwendelstellplatz.de

Nahe der Ortsmitte, an der Bahnlinie, Distanz zur Brauerei: 0,7 km

GPS: 47°26'17.00"N/11°15'52.00"E

Platz: = 40 auf Schotter, Asphalt. CHEM GRAU. Zufahrt per Schranke geregelt, tägliche Kontrolle am Platz. Ganzjährig geöffnet.
Preis: 15 € inkl. Kurtaxe. Strom 0,80 €/ kWh, Wasser 1 €/100 l. Parkscheinautomaten an der Einfahrtshütte.
Distanz: Ⓗ 0,1 km, 0,5 km, 0,5 km.

Gastro: Mehrere Restaurants ab 0,5 km.
Freizeit: 0,5 km. Mountainbiking, Wintersport, Bergbahn zur Karwendelspitze 0,8 km.
POI: Kirche St. Peter und Paul 0,5 km.
Kontakt: Familie Haaf, ☎ 08823/5216, info@camping-isarhorn.de, www.karwendelstellplatz.de

HENSEN BRAUEREI

Untere Straße 133-135
41068 Mönchengladbach
Tel.: 02161/4674900
www.brauerei-hensen.de
Öffnungszeiten: Mi-So
ab 17:30 Uhr.
Das gibt's: Soul-Food und Brauhandwerk unter einem Dach, gepflegtes Restaurant in modernem Ambiente.

STELLPLATZ

Reisemobilstellplatz bei Firma Camping-Krings

Monschauer Straße 10-32
41069 Mönchengladbach
☎ 02161/300610
www.camping-krings.de

Am Firmengelände, direkt an der Straße, 10 m neben der Mönchengladbacher Umweltzone, Distanz zur Brauerei: 0,7 km

GPS: 51°11'40.08"N/6°24'29.74"E

Platz: P / = 15 auf Pflaster. WC CHEM GRAU . VE und Gas nur zu den Öffnungszeiten, im Winter kein Service. Ganzjährig geöffnet.
Preis: Übernachtung gratis.
Distanz: H 0,3 km, 0,8 km, 3 km.
Preis: Brauerei Hensen 0,7 km. Bäcker 0,2 km.
Freizeit: 3 km, 1,5 km, 0,8 km. Stadion im Borussia-Park und Hockey-Park 4,5 km.

POI: Museum Abteiberg 2 km, Altstadt Mönchengladbach/Fanmeile 2,5 km, Brüggen 18 km.
Anfahrt: Auf die Beschilderung Umweltzone achten.
Kontakt: Camping Krings, ☎ 02161/300610, info@camping-krings.de, www.camping-krings.de

MOOSBACHER BRAUEREI

Bräugasse 7
92709 Moosbach
Tel.: 09656/209
www.moosbacher.com
Öffnungszeiten: Bräustüberl Do ab 18:00 Uhr.
Das gibt's: Traditionelle Familienbrauerei seit 1887, jedes Jahr Feier zum Tag des Bieres, Starkbier im Winter, Brauereiführungen.

STELLPLATZ

Wohnmobilstellplatz bei der Wieskirche

Friedhofgasse
92709 Moosbach
☎ 09656/920217
www.moosbach.de

Hinterer Bereich des Parkplatzes zwischen Friedhof und Wieskirche, Distanz zur Brauerei: 0,3 km

GPS: 49°35'29.50"N/12°24'47.50"E

Platz: = 6 auf Wiese, Schotter. =6 CHEM GRAU. Meldeschein ist hinterlegt. Bitte ausfüllen und zusammen mit der Stellplatzgebühr in den Briefkasten am Rathaus einwerfen. Geöffnet: 1. März-31. Oktober.

Preis: 5 € inkl. Strom, Wasser, Entsorgung, WC, Müll-Entsorgung.

Distanz: 0,1 km, 0,1 km, Ⓗ 0,2 km, 0,2 km, weitere Restaurants in 1 km.

Gastro: Landgasthöfe im Ortszentrum.

Freizeit: 5 km, 0,2 km. 200 km markierte Wanderwege, Schlossbesichtigung, Minigolf, Spielplatz, Wasserspielbereich, Kneippanlage 0,1 km, Allwetterplatz 0,2 km, Bockl-Radweg 2 km, Badestelle Tröbes 5 km.

POI: Pfarrkirche/Generationenpark 0,1 km, Barocke Wieskirche 0,1 km, Schloss Burgtreswitz mit Museum und Naturpark-Infostelle 1,5 km.

Kontakt: Markt Moosbach, ☎ 09656/920217, gaeste-info@moosbach.de, www.moosbach.de

BRAUHAUS ZUM LÖWEN

Felchtaer Straße 2-4
99974 Mühlhausen
Tel.: 03601/4710
www.brauhaus-zum-loewen.de
Öffnungszeiten: So-Do 11:00-23:00 Uhr, Fr und Sa 11:00-24:00 Uhr.
Das gibt's: Einzige noch vorhandene Brauerei im Unstrut-Hainich-Kreis, Brauereibesichtigung mit Bierprobe für 7 Euro, Biergarten, regelmäßige Veranstaltungen rund um Essen und Trinken.

STELLPLATZ

Wohnmobilstellplatz Engelsgarten

Hanfsack
99974 Mühlhausen/Thüringen
☎ 03601/452115
www.muehlhausen.de

Innerhalb der historischen Stadtmauern in Altstadtnähe, Distanz zur Brauerei: 0,8 km

GPS: 51°12'37.92"N/10°27'51.07"E

Platz: = 9 auf Pflaster. CHEM GRAU. Ganzjährig geöffnet.
Preis: 5 € inkl. aller Personen. Strom 1 €/2 kWh, Wasser 1 €/5 min, Entsorgung 1 €. Bezahlung am Parkautomat.
Distanz: 0,3 km, Ⓗ 0,2 km, 0,3 km, 0,5 km.
Gastro: Mehrere Restaurants im Ort.
Freizeit: 3 km, 1 km. Fahrt mit der Geckobahn, Thüringen-Therme 1 km.

POI: Burg Gleichenstein, Niederdorla (Mittelpunkt Deutschlands), Museen ab 0,5 km, Kloster Volkenroda, Nationalpark Hainich, begehbarer Wehrgang (Stadtmauer), Altstadt.
Anfahrt: Einfahrt über Hauptmannstraße oder Görmarstraße/Hanfsack.
Kontakt: Tourist-Info Mühlhausen, ☎ 03601/452115, service@touristinfo-muehlhausen.de, www.muehlhausen.de

BRAUEREI HOPFENHÄUSLA

Schützenstraße 22
95213 Münchberg
Tel.: 09251/4371347
www.hopfenhaeusla.de
Öffnungszeiten: Do-Fr 17:30-23:00 Uhr.
Das gibt's: Brauerei mit Gaststätte, Biergarten, Specials wie besondere Bierkreationen.

DIREKT DRAN

STELLPLATZ

Wohnmobilstellplatz Münchberg

Schützenstraße 26b
95213 Münchberg
☎ 09251/8740
www.muenchberg.de

Direkt neben dem Hallen- und Freibad in ruhiger Lage, Distanz zur Brauerei: 0,1 km

GPS: 50°12'0.08"N/11°47'45.60"E

Platz: = 9 auf Pflaster. =8 (16 A) CHEM GRAU. Ganzjährig geöffnet. Ausnahme: Während dem Festbetrieb im Juli geschlossen.
Preis: 10 € inkl. Strom, Wasser, Entsorgung, WLAN. 25 €/3 Tage, 40 €/5 Tage, 52,50 €/7 Tage.
Distanz: 0 km, 2 km.
Freizeit: Reitmöglichkeiten, Stadtführungen, Saalequelle mit Waldlehrpfad, Saaleradweg, Kegelbahn, Tennishalle.

POI: Naherholungsgebiet Hintere Höhe, Großer Waldstein, Stadtpark/Geo-Park, Aussichtsturm Rohrbühl, Bauernhofmuseum Kleinlosnitz.
Kontakt: Stadt Münchberg, ☎ 09251/8740, stadtverwaltung@muenchberg.de, www.muenchberg.de

GRIESBRÄU ZU MURNAU

Obermarkt 37
82418 Murnau am Staffelsee
Tel.: 08841/1422
www.griesbraeu.de
Öffnungszeiten: Mo-So 10:00-24:00 Uhr, Mi Ruhetag.
Das gibt's: Privatbrauerei mit Gasthof und Brauhaus, Bierbrunnen, Brauereiführung für 7 Euro, Bierseminar für 17 Euro nach Vereinbarung.

STELLPLATZ

Wohnmobilstellplatz am Bahnhof

Seehauser Straße
82418 Murnau am Staffelsee
☎ 08841/489290
www.murnau.de

In zentraler Lage am P+R-Parkplatz am Bahnhof, Distanz zur Brauerei: 1,1 km

GPS: 47°41'3.80"N/11°11'34.40"E

Platz: = 4 auf Asphalt. =6 CHEM GRAU. Aufenthalt max. 72 h. Ganzjährig geöffnet.
Preis: 5 € inkl. Entsorgung. Strom 1 €/2 kWh, Wasser 1 €/150 l.
Distanz: Ⓗ 0,1 km, 0,5 km, weitere Restaurants in 0,6 km, 0,7 km, 1,5 km.
Gastro: Brötchen im Bahnhofsbistro.

Freizeit: 4,5 km. Wander-/Radtouren, Strandbad am Staffelsee 0,8 km.
POI: Schlossmuseum Murnau 0,9 km, denkmalgeschützte Fußgängerzone 0,9 km, Münter-Haus 1,3 km, Murnauer Moos 2,6 km.
Kontakt: Gemeindewerke Murnau, ☎ 08841/489290, info@gw-murnau.de, www.murnau.de

RATSKELLER NAUMBURG

Markt 11
06618 Naumburg/Saale
Tel.: 03445/261080
www.braugasthaus-naumburg.de
Öffnungszeiten: Eröffnung am 19. April, Fassanstich am 27. Mai 2022.
Das gibt's: Braugasthaus auch für Übernachtungsgäste (früher Hotel Stadt Aachen), Restaurant mit hausgebrautem Bier.

STELLPLATZ

Altstadtparkplatz Vogelwiese

Luisenstraße
06618 Naumburg/Saale
03445/273125
www.naumburg.de

Im hinteren Bereich des zentralen Altstadtparkplatzes, Distanz zur Brauerei: 0,7 km

GPS: 51°8'54.64"N/11°48'48.71"E

Platz: / = 10 auf Schotter, Asphalt. WC CHEM. Aufenthalt max. 3 Tage. WC am Imbiss in 100 m (tägl. 8:00-18:00 Uhr). Während der Frostperiode kein Wasser/Strom. Ganzjährig geöffnet. Ausnahme: Bei Veranstaltungen gesperrt.
Preis: 10 €. Strom 0,50 €/ kWh, Wasser 0,50 €/60 l.
Distanz: Ⓗ 0,1 km, 0,5 km, 0,5 km, 0,5 km.
Gastro: Imbiss am Platz.

Freizeit: 2 km, 3 km. Weinverkostung, Weinbaugebiet Saale-Unstrut 3 km, Naturpark Saale-Unstrut-Triasland 3 km.
POI: Denkmalgeschützte Altstadt 0,5 km, Dom St. Peter und Paul, Hildebrandt-Orgel, Nietzsche-Haus 1 km.
Kontakt: Stadt Naumburg, 03445/273125, tourismus@naumburg.de, www.naumburg.de

BRAUEREIGASTHOF-HOTEL POST

Hauptstraße 25
87484 Nesselwang
Tel.: 08361/30910
www.hotel-post-nesselwang.de
Öffnungszeiten: Restaurant ganzjährig ohne Ruhetag 11:45-21:00 Uhr.
Das gibt's: Brauerei-Gasthof mit Erlebnis rund ums Bier: Bierprobe 5,50 Euro, Brauereibesichtigung 8,50 Euro, zwei Tage selbst Bier brauen für 249 Euro, Brauerei-Museum.

STELLPLATZ

Wohnmobilstellplatz Nesselwang

An der Riese 21a
87484 Nesselwang
☎ 08361/923040
www.nesselwang.de

In ruhiger Lage, an der Talstation der Alpspitzbahn, 3 km von der A7, Distanz zur Brauerei: 0,4 km

GPS: 47°37'11.60"N/10°29'53.02"E

Platz: = 58 auf Schotter, Asphalt, Rasengittersteinen, Pflaster. =58 CHEM GRAU . Hundetoilette. Leinenpflicht für Hunde. Ganzjährig geöffnet.

Preis: 15 € inkl. aller Personen, Wasser, Entsorgung, Müll-Entsorgung, WLAN. Strom 1 €/ kWh. Bezahlung am Ticketautomat.

Distanz: 0,2 km, weitere Restaurants in 0,3 km, 0,5 km, 1 km, Ⓗ 1 km.

Gastro: Brauerei-Gasthof Hotel Post. Brauerei-Gasthof Bären.

Freizeit: 1 km, 0,2 km. Bogenschießen, 3D-Bogenparcours, Biathlon, Laufarena 0,1 km, Ski-/Rodelverleih 0,1 km, Nordic Walking 0,1 km, Sommerrodelbahn 0,3 km, Alpspitzbahn 0,3 km, Kultur- und Ferienprogramm 0,4 km, Tennis/Minigolf 1 km.

POI: Barocke Wallfahrtskirche Maria Trost, Pfarrkirche St. Andreas 0,5 km, Heimathaus 0,5 km, Ruine Nesselburg 1 km, Schloss Neuschwanstein/Hohenschwangau 20 km.

Kontakt: Tourist-Information Nesselwang, ☎ 08361/923040, info@nesselwang.de, www.nesselwang.de/wohnmobilstellplatz-nesselwang.html

DROSSENFELDER BRÄUWERCK

Marktplatz 2a
95512 Neudrossenfeld
Tel.: 09203/9736515
www.braeuwerck.de
Öffnungszeiten: Do, Fr und Sa 17:00-22:00 Uhr, So 11:00-14:00 Uhr, Biergarten bei gutem Wetter Sa ab 14:00 Uhr, So ab 11:00 Uhr
Das gibt's: Brauerei mit Gaststätte und Biergarten mit großer Tanzlinde, Brennerei, Brauereibesichtigung nach Absprache mit dem Braumeister, ganztägige Bierseminare, Lindenbaummuseum.

STELLPLATZ

Wohnmobilstellplatz Neudrossenfeld

Ledergasse
95512 Neudrossenfeld
☎ 09203/9930
www.neudrossenfeld.de

Auf dem Schulparkplatz neben einem Bachlauf am Ortsrand, Distanz zur Brauerei: 0,5 km

GPS: 50°0'54.00"N/11°30'34.00"E

Platz: = 8 auf Schotter. Nächste VE in 15 km am Stellplatz Lohengrin Therme, Kurpromenade 5 in Bayreuth-Seulbitz. Ganzjährig geöffnet.
Preis: Übernachtung gratis. Strom 1 €/2 kWh.
Distanz: 0,2 km, 0,5 km, 0,5 km, 0,6 km.
Gastro: Drossenfelder Bräuwerck. Geöffnet Do-Sa 17:00-22:00 Uhr, So 11:00-14:00 Uhr. Mo-Mi Ruhetag.
Freizeit: 15 km, 15 km. Rotmain-Auen-Wanderweg, Rotmainradweg.
POI: Schloss Neudrossenfeld, Sandsteinbrücke über den Roten Main, Storchennest in Altdrossenfeld, Markgrafenkirche, Lindenbaummuseum, Bayreuth 12 km, Kulmbach 12 km.
Kontakt: Gemeinde Neudrossenfeld, ☎ 09203/9930, poststelle@neudrossenfeld.de, www.neudrossenfeld.de

NEUMARKTER LAMMSBRÄU

Amberger Straße 1
92138 Neumarkt/Oberpfalz
Tel.: 09181/4040
www.lammsbraeu.de
Öffnungszeiten: Mo-Fr 8:00-18:00 Uhr, Sa 8:00-12:00 Uhr.
Das gibt's: Biobrauerei, offene Brauereibesichtigung jeden ersten Sa im Monat 10 Uhr ohne Anmeldung für 10 Euro.

STELLPLATZ

Wohnmobilstellplatz Neumarkt

Woffenbacher Straße (Parkplatz HS West)
92318 Neumarkt-Woffenbach/Oberpfalz
☎ 09181/255125
www.tourismus-neumarkt.de

Teilbereich auf dem Parkplatz des Volksfestplatzes in zentraler Lage zur Altstadt, Distanz zur Brauerei: 1,4 km

GPS: 49°16'53.04"N/11°26'42.56"E

Platz: = 30 auf Schotter. ♿ 🐕. VE bei Fritz Berger (Fritz-Berger-Straße 1, 3 km in Richtung Autobahn). Ganzjährig geöffnet.
Preis: Übernachtung gratis.
Distanz: 0,4 km, weitere Restaurants in 0,6 km, 🛒 1 km, 1 km.
Gastro: DJK-Sportgaststätte in der Rotbuchenstraße, mehrere Restaurants im Altstadtkern.
Freizeit: 🚲 5 km. Freizeitpark auf dem ehemaligen Landesgartenschau-Gelände 1 km, Spielplatz 1,3 km, Freibad 2 km, Schlossbad 2 km.

POI: Altstadt mit Stadtmuseum, Museum Lothar Fischer 1,5 km, Museum für historische Maybachfahrzeuge 2 km, Bayerisches Metzgerei- und Weißwurstmuseum 2 km, Wallfahrtskirche Mariahilfberg 4 km, Burgruine Wolfstein 4 km.
Kontakt: Stadt Neumarkt in der Oberpfalz, ☎ 09181/255125, tourist-info@neumarkt.de, www.tourismus-neumarkt.de

IM DOM

Michaelstraße 75-77
41460 Neuss
Tel.: 02131/275599
www.imdom.de
Öffnungszeiten: Mo-Do 11:30-23:00 Uhr, Fr und Sa 11:30-24:00 Uhr, So und Feiertag 11:30-23:00 Uhr.
Das gibt's: Altbierbrauerei mit Restaurant, Brauereibesichtigung mit Verkostung 10 Euro, mit großer Brauhaxe 25 Euro, wird nach Voranmeldung zusammengestellt.

STELLPLATZ

Rennbahn-Park Neuss

Am Rennbahn-Park
41460 Neuss
☎ 02131/4037795
www.neuss-marketing.de

Ausgewiesene Stellplätze auf dem Parkplatz an der Rennbahn, im Zentrum und in der Umweltzone, Distanz zur Brauerei: 1,3 km

GPS: 51°11'45.43"N/6°42'2.04"E

Platz: = 5 auf Schotter, Wiese. Ganzjährig geöffnet. Teilweise uneben, kein Schatten. Aufenthalt max. 72 h.
Preis: Übernachtung gratis.
Distanz: 0 km, 0,1 km, weitere Restaurants in 0,3 km Entfernung, Ⓗ 0,6 km.
Gastro: Restaurant am Platz.

Freizeit: 0,5 km. Veranstaltungen auf der Rennbahn Neuss, Alpenpark Neuss 7 km.
POI: Quirinus-Münster 0,5 km, Museumsinsel Hombroich 6,5 km.
Anfahrt: Über die Stresemannallee.
Kontakt: Tourist Information Neuss, ☎ 02131/4037795, tourist-info@neuss-marketing.de, www.neuss-marketing.de

KLOSTER-BRÄU

Brauhausplatz 1
15898 Neuzelle
Tel.: 033652/8100
www.klosterbrauerei.com
Öffnungszeiten: Mo-Fr 9:00-18:00 Uhr, Sa und So 10:00-17:30 Uhr
Das gibt's: Historisches Braustübchen, Brauereibesichtigung täglich 13 Uhr mit Voranmeldung 10 Euro, mit großer Verkostung 15 Euro, Klosterladen.

STELLPLATZ

Gaststätte Zum Zickenzeller

Bahnhofstraße 27
15898 Neuzelle
☎ 033652/7079

Im Hof der Gaststätte in der Ortsmitte, Distanz zur Brauerei: 1,0 km

GPS: 52°5'35.00"N/14°38'57.00"E

Platz: P Wohnmobil/Pkw-Wohnwagen = 7 auf Pflaster. Hund Strom =5 (16 A) Wasser WC CHEM GRAU Grill Liege. R nur bei Gruppen. Ganzjährig geöffnet.
Preis: 17 € inkl. Strom, Wasser, Entsorgung, Dusche, WC. Jede weitere Person 6 €.
Distanz: Ⓗ 0,3 km, Bahn, Bäcker 0,1 km, Einkauf 1 km.
Gastro: Restaurant am Platz, geöffnet nach Absprache. Frühstücksservice.

Freizeit: Baden 1,2 km. Brauereibesichtigung, Klosterbrauerei 1 km.
POI: Zisterzienserkloster Neuzelle 0,5 km, Kreuzkirche 1 km.
Kontakt: Familie Peschke, ☎ 033652/7079

ADLER BRAUEREIGASTHOF MOOSBEUREN

Biberacherstraße 17
89613 Oberstadion-Moosbeuren
Tel.: 07357/921990
www.brauereigasthof-moosbeuren.de
Öffnungszeiten: Gasthof Mo-Sa ab 17:00 Uhr.
Das gibt's: Brauereigasthof, erstmalig 1596 als Schenke und Brauerei erwähnt, Hausbrauerei, regionale Produkte aus Kochtopf und Sudkessel.

DIREKT DRAN

STELLPLATZ

Adler Brauereigasthof Moosbeuren

Biberacherstraße 17
89613 Oberstadion-Moosbeuren
☎ 07357/921990
www.brauereigasthof-moosbeuren.de

Zwischen Biberach und Ulm, mit Blick auf den Bussen, Distanz zur Brauerei: 0 km

GPS: 48°10'46.32"N/9°43'29.08"E

Platz: = 6 auf Rasengittersteine. WC. Ganzjährig geöffnet.
Preis: Für Restaurantgäste kostenlos. Einkehr obligatorisch.
Gastro: Gasthof mit Brauerei und Biergarten, geöffnet Mo-Sa ab 7:00 Uhr.

Kontakt: Familie Britsch, ☎ 07357/921990, info@brauereigasthof-moosbeuren.de, www.brauereigasthof-moosbeuren.de

RESTAURANT ZUM WILDE MÄNNLE

Oststraße 15
87561 Oberstdorf
Tel.: 08322/4829
www.wilde-maennle.de
Öffnungszeiten: Täglich 10:00-22:00 Uhr.
Das gibt's: Brauhaus-Gaststätte, Wirtshausmusik, deftige bayerische Küche, passend zum Bier.

STELLPLATZ

Wohnmobilstellplatz Oberstdorf

Hermann-von-Barth-Straße 9
87561 Oberstdorf
☎ 08322/180
www.wohnmobilstellplatz-oberstdorf.de

In zentraler Lage, 5 Minuten zu Fuß zum Zentrum, Distanz zur Brauerei: 0,7 km

GPS: 47°24'30.87"N/10°17'10.35"E

Platz: = 200 auf Schotter, Asphalt. WC CHEM GRAU. Ganzjährig geöffnet.
Preis: 15 € inkl. aller Personen, Wasser, Entsorgung, WLAN. Strom 2,50 €, Dusche 1 €, Kurtaxe 2,60 €, Kurtaxe (13-16 Jahre) 1,95 €, bis 13 Jahre gratis. Duschen für Rollstuhlfahrer gratis.
Distanz: Ⓗ 0,1 km, 0,1 km, 0,2 km, 0,5 km.
Gastro: Mehrere Restaurants in unmittelbarer Nähe.
Freizeit: 1,5 km, 1,5 km, 0,5 km. Bergwandern, Wintersport, Wildwasser-, Alpin-/Gleitschirmflugschule, Radtouren, Tennisplatz/-halle in Oberstdorf 0,2 km, Sport-/Eisstadion 0,3 km, Seilbahn zum Nebelhorn 0,4 km, Reitstall in Tiefenbach 3,5 km.

POI: Heimatmuseum Oberstdorf, Wallfahrtskapelle St. Loretto 4 km, Breitachklamm 6 km.
Anfahrt: Achtung: Nicht den Angaben der Navi-Geräte folgen, sondern den Schildern Richtung Nebelhornbahn/Eisstadion.
Kontakt: ☎ 08322/180, info@wohnmobilstellplatz-oberstdorf.de, www.wohnmobilstellplatz-oberstdorf.de

PRIVATBRAUEREI OECHSNER

Klinge 2
97199 Ochsenfurt
Tel.: 09331/87660
www.oechsner.de
Öffnungszeiten: Mo-Do 7:00-11:30 und 13:00-16:00 Uhr, Fr 7:00-11:30 und 13:00-14:30 Uhr
Das gibt's: Mehr als 200 Jahre Brau- und Familientradition, Brauereirundgang, eigenes Brauereimuseum, Biershop Bayern.

STELLPLATZ

Wohnmobilstellplatz am Mainufer

Mainuferstraße
97199 Ochsenfurt
☎ 09331/5855
www.ochsenfurt.de
In zentraler Lage, auf einem Großparkplatz am Main, Distanz zur Brauerei: 0,4 km

GPS: 49°40'0.92"N/10°3'40.64"E

Platz: = 40 auf Schotter. . Aufenthalt max. 3 Tage. Ganzjährig geöffnet.
Preis: Übernachtung gratis.
Distanz: 0,2 km, 0,2 km.
Gastro: Mehrere Restaurants ab 0,2 km.

POI: Altstadt Ochsenfurt 0,2 km.
Kontakt: Tourist-Info Ochsenfurt, ☎ 09331/5855, tourismus@stadt-ochsenfurt.de, www.ochsenfurt.de

POTT'S BRAUEREI

In der Geist 120
59302 Oelde
Tel.: 02522/93320
www.potts.de
Öffnungszeiten: Täglich 9:00-22:00 Uhr.
Das gibt's: Gläserne Produktion, Pott's Brau- und Backhaus, Georg-Lechner-Biermuseum, Gesaris Brunnenkino, Schatzkammer, Brauatelier. Diverse Brauereibesichtigungen, zum Beispiel mit Brauherrenschmaus für 24,90 Euro.

DIREKT DRAN

STELLPLATZ

Pott's Brau- & Backhaus

In der Geist 120
59302 Oelde
☎ 02522/937714
brau-backhaus.de

An der Erlebnisbrauerei, Distanz zur Brauerei: 0 km

GPS: 51°48'42.00"N/8°7'57.00"E

Platz: P = 20 auf Schotter. CHEM GRAU . R nur bei Gruppen. Nachts beleuchtet. Anmeldung/Schlüsselübernahme im Pott's Brau- und Backhaus täglich 9:00-21:00 Uhr. Ganzjährig geöffnet. Ausnahme: 24.12.-1.1.
Preis: 5 € inkl. Strom, Entsorgung, Müll-Entsorgung. Wasser 1 €/60 l. 10 € Schlüsselpfand.
Gastro: Pott's Brau & Backhaus mit Biergarten, gläserner Brauerei, Bäckerei und Metzgerei.

Distanz: 0,2 km, 0 km, weitere Restaurants in 1 km Entfernung, Ⓗ 2,5 km, 1,8 km.
Freizeit: 3 km. Pott's gläserne Brauerei (Eintritt frei).
POI: Brunnenkino/Biermuseum (je 1 Euro Eintritt), Kindermuseum Klipp Klapp 1,3 km, Vier-Jahreszeiten-Park 1,3 km, Klostergarten 12,6 km, Museum Abtei Liesborn 16,6 km.
Kontakt: ☎ 02522/937714, brau-backhaus@potts.de, www.brau-backhaus.de

OLS BRAUEREI

Stau 25/27
26122 Oldenburg
Tel.: 04431/896630
www.ols-brauerei.de
Öffnungszeiten: Mo-Do 9:00-16:30 Uhr, Fr 9:00-15:00 Uhr
Das gibt's: Brauhaus am Hafen, Brauereibesichtigung, Bier-Tastings (nach Brand im Wiederaufbau).

STELLPLATZ

Wohnmobilstellplatz Am Küstenkanal

Westfalendamm
26121 Oldenburg
☎ 0441/3613160
www.oldenburg-tourismus.de

Vor der Schleuse, Distanz zur Brauerei: 1,6 km

GPS: 53°7'45.81"N/8°12'52.12"E

Platz: = 3 auf Schotter. Ganzjährig geöffnet.
Preis: Übernachtung gratis inkl. aller Personen. Um eine Spende wird gebeten.
Distanz: Ⓗ 0,5 km, 0,4 km, 0,1 km, 1 km, 0,8 km (Olantis Huntebad).

Freizeit: 0,1 km, 0,1 km, 0,5 km.
POI: Altstadt Oldenburg 2 km.
Kontakt: Stadt Oldenburg, ☎ 0441/3613160, info@olantis-bad.de, www.oldenburg-tourismus.de

JOSEFS BRAUEREI

Heinrich-Sommer-Straße 13
59939 Olsberg
Tel.: 02962/8000
www.josefsbraeu.de
Öffnungszeiten: Brauereibesichtigung nach Online-Voranmeldung.
Das gibt's: Erste Inklusionsbrauerei in Deutschland und Europa, gegründet 2000.

STELLPLATZ

Stellplatz am Aqua-Olsberg

Zur Sauerlandtherme 1
59939 Olsberg
☎ 02962/845050
www.aqua-olsberg.de

Auf dem Parkplatz am Aqua-Olsberg, Distanz zur Brauerei: 1,1 km

GPS: 51°21'23.98"N/8°29'5.06"E

Platz: = 10 auf Schotterrasen. =10 (10 A) WC CHEM GRAU. Anfahrt 9:00-22:00 Uhr. Ganzjährig geöffnet.
Preis: 8,50 € inkl. Entsorgung, Müll-Entsorgung, WLAN. Strom 1,50 €/8 h, Wasser 1,50 €/80 l, Dusche im Bad 1,50 €/Person, Kurtaxe 1,50 €/Person. Inkl. SauerlandCard (Vergünstigungen).
Distanz: , weitere Restaurants in 0,4 km, Ⓗ 0,1 km, 0,5 km, 0,5 km.

Gastro: Am Platz im Aqua-Olsberg, warme Küche 12:00-20:00 Uhr.
Freizeit: 0,1 km. Bike-Arena-Sauerland, Planwagenfahrten, Gleitschirmfliegen, Ruhrtalradweg, Rodeln, Führung im Philippstollen, Reiten.
POI: Rosendorf Assinghausen 6,7 km, Bruchhauser Steine 8,6 km.
Anfahrt: Per Navi: Stehestraße 18 eingeben.
Kontakt: ☎ 02962/845050, info@aqua-olsberg.de, www.aqua-olsberg.de

STRECK-BRÄU

Ludwig-Jahn-Straße 11
97645 Ostheim vor der Rhön
Tel.: 09777/9265
www.strecks-brauhaus.de
Öffnungszeiten: Mo-Fr 7:30-12:00 und 13:00-17:00 Uhr, Sa 9:00-12:00 Uhr.
Das gibt's: Seit mehr als 300 Jahren Brauhaus. Brauereibesichtigung Mi 14:00 Uhr für 10,50 Euro, alle Teilnehmer erhalten ein Glasstamperl und zwei Biere.

STELLPLATZ

Stellplatz Streuwiesenparkplatz

Kreuzung Nordheimer Straße/Alexander Straße,
97645 Ostheim vor der Rhön
☎ 09777/1850
www.ostheim-rhoen.de

Am Stadtrand nahe des Flusses Streu, Distanz zur Brauerei: 0,5 km

GPS: 50°27'30.82"N/10°13'32.04"E

Platz: = 6 auf Schotter. WC CHEM GRAU. Ganzjährig geöffnet.
Preis: 8 €. Strom 0,50 €/ kWh, Wasser 1 €, Entsorgung 1 €, Kurtaxe 1 €/Person.
Distanz: 0,1 km, weitere Restaurants in 0,5 km, Ⓗ 0,5 km, 0,6 km.
Freizeit: 7 km, 1,5 km, 1,5 km. Angeln, Radwandern, Nordic Walking, Gewässerlehrpfad, Mountainbiking, Kneipp-Tretbecken an der Streu 0,1 km, Naturlehrpfad Weyhershauk 2 km.

POI: Kirchenburg 0,5 km, Orgelbaumuseum 1 km, Lichtenburg 2 km, Fränkisches Freilandmuseum Fladungen 10 km.
Kontakt: Stadt Ostheim, ☎ 09777/1850, tourismus@ostheim.de, www.ostheimrhoen.de

RHÖNPIRATEN

Scheermühle 1
97645 Ostheim vor der Rhön
Tel.: 09777/3582344
www.rhoenpiraten.de
Öffnungszeiten: Biergarten: Mi-So 17:00-21:00 Uhr.
Das gibt's: Biergarten von Mai bis Oktober, Brauereiführungen nach Voranmeldung.

DIREKT DRAN

STELLPLATZ

Rhönpiraten

Scheermühle 1
97645 Ostheim vor der Rhön
☎ 09777/3582344
www.rhoenpiraten.de

Am Ortsrand von Ostheim vor der Rhön, in Bachnähe, Distanz zur Brauerei: 0 km

GPS: 50°27'31.94"N/10°13'3.91"E

Platz: / = 10 auf Schotter. WC CHEM GRAU . R. Ganzjährig geöffnet.
Preis: 18 € inkl. Strom, Wasser, WC, Kurtaxe, WLAN. Kind (ab 7 Jahre) 5 €. Einkehr obligatorisch. Ein Begrüßungs-Freigetränk inklusive.
Distanz: 0,3 km, 0,4 km.
Gastro: Brauerei mit Biergarten, geöffnet von Mai-September/Oktober bei schönem Wetter von Mi-So 17:00-21:00 Uhr.
Freizeit: 1 km. Naturschutzgebiet, Rad-/Wanderwege, Angeln, Minigolf.

POI: Schloss/Museen, Luftkurort Ostheim vor der Rhön, Kirchenburg 0,5 km, Lichtenburg 3 km.
Kontakt: Stephan Kowalsky, ☎ 09777/3582344, Mobil: 0176/10033925, info@rhoenpiraten.de, www.rhoenpiraten.de

BRAUEREIGASTHOF MÜLLERBRÄU

Hauptplatz 36
85276 Pfaffenhofen/Ilm
Tel.: 08441/493710
www.muellerbraeu.com
Öffnungszeiten: Mo-Fr 7:00-17:00 Uhr, Sa 8:00-12:00 Uhr.
Das gibt's: Brauerei seit 1775 mit Gasthof, deftiges Essen, Holzfass zum Anzapfen am Tisch, direkt in der Innenstadt, Bierbühne Keimkasten, Brauereiführung ab 12 Euro, Bier-Erlebnistag mit Craftbier-Brauen 129 Euro.

STELLPLATZ

Wohnmobilstellplatz am Freibad/Stadion

Ingolstädter Straße 61
85276 Pfaffenhofen/Ilm
☎ 08441/40523227
www.pfaffenhofen.de

Leicht geneigter Platz mit Grünflächen neben Freibad und Sportzentrum, Distanz zur Brauerei: 0,8 km

GPS: 48°32'10.00"N/11°30'31.00"E

Platz: = 12 auf Schotter. =12 (16 A) CHEM GRAU. Aufenthalt max. 7 Tage. Ganzjährig geöffnet. Ausnahme: Christi Himmelfahrt/während des Volksfestes (Ende August-Mitte September).

Preis: 8 € inkl. aller Personen, Müll-Entsorgung. Strom 0,50 €/ kWh, Wasser 2 €/5 min, Entsorgung 2 €. Stundentarif 1 €/h. Bezahlung am Automat mit Münzen/EC-Karte.

Distanz: Ⓗ 0,1 km, 0,2 km, weitere Restaurants in 0,7 km, 0,7 km, 0,8 km.

Gastro: Eisstadion mit Gaststätte. Freibad mit Imbiss.

Freizeit: 0,3 km, 1,5 km. Eislaufen, Eisstadion 0,2 km, Kletterhalle DAV 0,3 km, Beachvolleyballplatz 0,4 km.

POI: Lebzelterei und Wachsziehermuseum Hipp 0,7 km, Kloster Scheyern 9 km, Hopfenmuseum Wolnzach 16 km.

Kontakt: Kundencenter Stadtwerke, Marco Krause, ☎ 08441/40523227, marco.krause@stadtwerke-pfaffenhofen.de, www.pfaffenhofen.de

KUCHEMS BRAUHAUS

Schlossstraße 44
66953 Pirmasens
Tel.: 06331/213894
www.kuchems-brauhaus.de
Öffnungszeiten: Mi-Sa 11:30-14:00 und 17:30-23:00 Uhr, So 11:30-15:00 Uhr.
Das gibt's: Erlebnis-Brauhaus, rund um den Sudkessel finden 250 Gäste Platz, Programm zum Musiksommer, sonntags Riesenschnitzel.

STELLPLATZ

Wohnmobilstellplatz am Messegelände

Zeppelinstraße 11
66954 Pirmasens
☎ 06331/2394321
www.pirmasens.de

Direkt im Stadtzentrum, Distanz zur Brauerei: 0,8 km

GPS: 49°12'16.29"N/7°36'30.27"E

Platz: = 8 auf Asphalt, Pflaster. GRAU . Ganzjährig geöffnet.
Preis: 5 € inkl. WLAN. Strom 1 €/6 h, Wasser 1 €/100 l. Entsorgung gegen Gebühr.
Distanz: 0,2 km, weitere Restaurants in 0,6 km, 0,6 km, Ⓗ 0,7 km, 1,7 km.
Freizeit: Pirmasenser Luft- und Badepark 2,1 km.

POI: Dynamikum Science Center 0,9 km, Wawi Schokoladenwelt mit gläserner Produktion, Café, Museum und Fabrikverkauf 1,6 km.
Kontakt: Stadtmarketing & Tourismus Pirmasens, ☎ 06331/2394321, tourismus@pirmasens.de, www.pirmasens.de

BRÄU ZUR ISAR

Passauer Straße 2
94447 Plattling
Tel.: 09931/9520
www.hotel-zur-isar.de
Öffnungszeiten: Mo-Mi und So 11:00-14:00 Uhr, Mo-Sa ab 17:00 Uhr.
Das gibt's: Gemütliches Braustüberl mit Brauanlage, Brauerei seit 2011, Steakhouse, Brauseminar, Biergarten.

STELLPLATZ

Reisemobilplatz am Erlebnisfreibad

Georg-Eckl-Straße
94447 Plattling
☎ 09931/890130
www.meiplattling.de

Am Erlebnisbad, gegenüber vom Büglerweiher im Süden der Stadt, Distanz zur Brauerei: 0,7 km

GPS: 48°46'20.17"N/12°52'22.22"E

Platz: = 30 auf Schotter. =4 (16 A) CHEM GRAU. Ganzjährig geöffnet.
Preis: Übernachtung gratis inkl. Entsorgung, WC. Strom 0,50 €/ kWh, Wasser 1 €/100 l, Dusche 2,80 €.
Distanz: 0,1 km, 0,1 km, weitere Restaurants in 0,5 km, 0,5 km, Ⓗ 0,5 km.
Gastro: Freibadgaststätte, weitere im Zentrum.
Freizeit: 0,1 km, 5 km, 1 km. Tennis, Isar-Radweg 0,1 km, altbayrischer Stadtplatz 1 km.
POI: Nepomukmuseum, Bürgerspital mit Gartenanlage, Kirchen St. Jakob und St. Stephanus.
Kontakt: Stadt Plattling, ☎ 09931/890130, info@plattling.bayern.de, www.meiplattling.de/partner/partner/261.html

KRONGUT BORNSTEDT

Ribbeckstraße 6/7
14469 Potsdam
Tel.: 0331/550650
www.krongut-bornstedt.de
Öffnungszeiten: Königliche Hofbäckerei Mo-So ab 8:00 Uhr, Restaurant Brauhaus Mi-So ab 12:00 Uhr, Hofflorist, Gutsladen und Zinnfiguren-Museum Mi-So ab 10:00 Uhr.
Das gibt's: Brau- und Brennhaus mit Feiertagsbrunch, Weinscheune, Weinkeller, Potsdamer Zinnfiguren-Museum mit mehr als 25.000 Figuren, Rosengarten.

STELLPLATZ

Stellplatz Potsdam Am Krongut

Potsdamer Straße 196
14469 Potsdam
0331/60147154
www.wohnmobilstellplatz-potsdam.de

In Fußnähe zu Innenstadt und Sehenswürdigkeiten, Distanz zur Brauerei: 0,6 km

GPS: 52°24'47.70"N/13°1'43.41"E

Platz: = 70 auf Asphalt, Rasengittersteinen, Pflaster. =8 CHEM GRAU. R nur bei Gruppen. Kameraüberwacht, beschrankt. Sicherheitsdienst vor Ort. Ganzjährig geöffnet.
Preis: 15 € inkl. Müll-Entsorgung. Strom 0,50 €/ kWh.
Distanz: 0,3 km, 0,3 km, 0,6 km, 1,5 km.
Gastro: Zur Historischen Mühle in 0,8 km. Knossos Palast in 0,7 km. Castello Potsdam in 0,5 km.
Freizeit: Bugapark, Filmpark Babelsberg 10 km.

POI: Krongut Bornstedt 0,6 km, Schloss und Park Sanssouci am Krongut 0,8 km, Neue Mühle 1 km, Potsdam Innenstadt 1,5 km.
Kontakt: Matthias Weise, 0331/60147154, 0174/9974878, kontakt@wohnmobilstellplatz-potsdam.de, www.wohnmobilstellplatz-potsdam.de

BRAUHAUS LÜDDE

Blasiistraße 14
06484 Quedlinburg
Tel.: 03946/705206
www.hotel-brauhaus-luedde.de
Öffnungszeiten: Mo-Do 12:00-22:00 Uhr, Fr und Sa 12:00-23:00 Uhr
Das gibt's: Brauhaus, uriger Schankraum in einem überdachten Hof einer historischen Braunbierbrauerei mit Blick auf die Braukessel, Biere mit Namen wie Pubarschknall und Knuttenfurz.

STELLPLATZ

Schlossparkplatz

Schenkgasse 2
06484 Quedlinburg
☎ 03946/91080
www.quedlinburg.de

Auf einem öffentlichen Parkplatz am Schlossberg gegenüber des Bowlingcenters, Distanz zur Brauerei: 0,5 km

GPS: 51°47'13.07"N/11°8'4.95"E

Platz: P = 6 auf Pflaster. =4 (16 A) CHEM GRAU. Ganzjährig geöffnet.
Preis: 16 € inkl. aller Personen, Entsorgung. Strom 2 €/8 h, Wasser 1 €, Kurtaxe 3 €/Person.
Distanz: , 0,1 km, weitere Restaurants in 0,3 km, 0,5 km, Ⓗ 0,8 km.
Gastro: Im Bowlingcenter, sonntags Frühstücksservice.

Freizeit: 8 km, 1 km, 1 km. Stadtführung, Besichtigungen, Bowling Skybar 0,1 km.
POI: Stiftskirche am Schlossberg 0,4 km, Altstadt Quedlinburg 0,7 km.
Kontakt: Herr Mente, ☎ 03946/91080, info@bowling-quedlinburg.de, www.bowling-quedlinburg.de.

STELLPLATZ

Parkplatz Marschlinger Hof

Marschlinger Hof
06484 Quedlinburg
☎ 03946/90550
www.quedlinburg.de

Auf einem zentralen Bus- und Pkw-Parkplatz, Distanz zur Brauerei: 0,5 km

GPS: 51°47'27.73"N/11°8'21.83"E

Platz: P = 6 auf Pflaster. = 4 WC CHEM GRAU. WC-Anlage im Winter geschlossen. Ganzjährig geöffnet.
Preis: 26 € inkl. aller Personen, Wasser, Entsorgung, Kurtaxe. Strom 1 €/6 h.
Distanz: , 0,2 km, weitere Restaurants in 0,3 km, 0,5 km, Ⓗ 1 km.

Freizeit: 15 km, 0,5 km, 1 km. Besichtigungen, Stadtführung.
POI: Altstadt Quedlinburg 0,1 km, Stiftskirche am Schlossberg 0,6 km.
Kontakt: Welterbestadt Quedlinburg, ☎ 03946/90550, stadtverwaltung@quedlinburg.de, www.quedlinburg.de

SUBERG'S BEI BOENTE

Augustinessenstraße 4
45657 Recklinghausen
Tel.: 02361/9044990
www.bei-boente.de
Öffnungszeiten: Täglich ab 12:00 Uhr.
Das gibt's: Hausbrauerei mit Restaurant, Braukessel stehen direkt neben den Tischen, ein Kind bis zum vollendeten 10. Lebensjahr mit erwachsenen Begleitern isst gratis, jedes weitere Kind kostet pauschal 5 Euro.

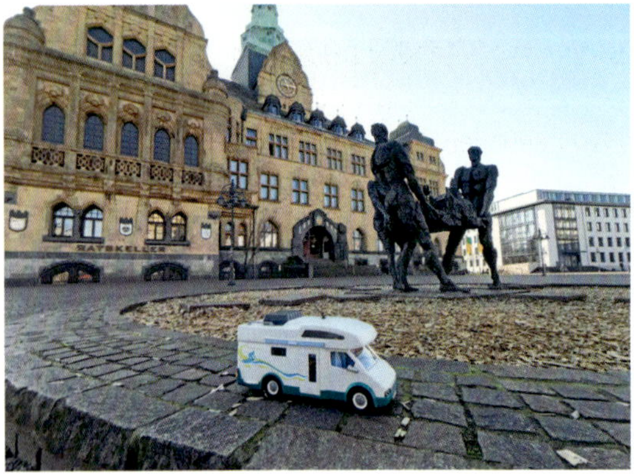

STELLPLATZ

Recklinghausen Altstadt

Erlbruch
45657 Recklinghausen
☎ 02361/505050
www.recklinghausen.de

Stellplatz auf einem öffentlichen Parkplatz, in der Umweltzone, Distanz zur Brauerei: 1,0 km

GPS: 51°36'37.94"N/7°12'5.45"E

Platz: P = 6 auf Asphalt. CHEM GRAU. VE in 0,2 km. Ganzjährig geöffnet.
Preis: 8 €. Strom 0,50 €/ kWh, Wasser 0,10 €/10 l.
Distanz: 0,2 km (Konrad-Adenauer-Platz, 45657 Recklinghausen), 0,2 km.
Gastro: Restaurant-Café 0,2 km.

Freizeit: Niedrigseil-Garten.
POI: Rathaus.
Kontakt: Stadt Recklinghausen, ☎ 02361/505050, stadtmarketing@recklinghausen.de, www.recklinghausen.de

FAMILIENBRAUEREI BAUHÖFER/ULMER

Ullenburgstraße 12-14
77871 Renchen-Ulm
Tel.: 07843/94740
www.ulmer-bier.de
Öffnungszeiten: Braustüberl: Mi-So ab 10:00 Uhr bis Feierabend.
Das gibt's: Familienbrauerei Bauhöfer mit separatem Braustüberl mit Biergarten (dicht am Stellplatz), Brauereiführung, Selfie am Sudkessel, Vollmondbier für sommerliche Nächte.

STELLPLATZ

Wohnmobilstellplatz Ulm

Ullenburgstraße an der Obstsammelstelle,
77871 Renchen-Ulm
☎ 07843/70742
www.renchen.de

Stellplatz in zentrumsnaher Lage des Bierdorfs Ulm, Distanz zur Brauerei: 0,4 km

GPS: 48°34'52.69"N/8°2'43.32"E

Platz: = 12 auf Asphalt, Schotterrasen. CHEM GRAU. 6 Stellplätze neben der Halle, 6 weitere dahinter. Parkschein gut sichtbar hinter die Windschutzscheibe legen. Ganzjährig geöffnet.

Preis: 6 € inkl. aller Personen, Entsorgung, Müll-Entsorgung. Strom 1 €/2 kWh, Wasser 1 €/100 l. Parkscheinautomat und Automat mit Münzgeld.

Distanz: 0,4 km, 3 km.

Gastro: Bräustüble 0,2 km.

Freizeit: 2,6 km. Minigolf, Ortenauer Radwegenetz, Wanderungen und Mountainiking, Familienbrauerei Bauhöfer.

POI: Grimmelshausenpark 3 km, Simplicissimus-Haus 3,4 km.

Kontakt: Tourist-Info, ☎ 07843/70742, info@renchen.de, www.renchen.de

RIEDENBURGER BRAUHAUS

Hammerweg 5
93339 Riedenburg
Tel.: 09442/99160
www.riedenburger.de
Öffnungszeiten: Biergarten bei gutem Wetter ab Mai 2022.
Das gibt's: Biobrauerei mit Tradition, Ökokonzept mit zehn Faktoren, mit Biobiergarten, Antik-Flohmarkt, Öko-Bauernmarkt, Brauereiführung.

STELLPLATZ

Wohnmobilstellplatz Riedenburg

Austraße
93339 Riedenburg
☎ 09442/905000
www.riedenburg.de

Direkt am Ufer des Main-Donau-Kanals in zentraler Ortslage, Distanz zur Brauerei: 1,1 km

GPS: 48°57'56.49"N/11°40'52.30"E

Platz: = 60 auf Schotter, Pflaster. =30 (16 A) GRAU . WC in 0,5 km. Ganzjährig geöffnet. Ausnahme: Bei Großveranstaltungen tageweise gesperrt, Infos unter www.riedenburg.de.
Preis: 8 €. Strom 1 €/8 h, Wasser 1 €/100 l. Bezahlung am Parkautomat per Münzen, EC- und Kreditkarte (kein Rückgeld).
Distanz: , 0,3 km, 0,5 km, Ⓗ 0,3 km.
Gastro: Biersommelier-Abend 360° Bier freitags im Gasthof Schwan (Anmeldung erforderlich).

Freizeit: 0,5 km, 0,5 km. Minigolfanlage, Angelstellen, Wander-/Radwege, Naturpark Altmühltal 0,2 km, Badesee 2,5 km, Sommerrodelbahn 2,5 km.
POI: Erlebnisbauernhof mit Bauernhofmuseum 0,2 km, Falkenhof Schloss Rosenburg 2 km, Burg Prunn 4 km, Schloss Eggersberg mit Hofmarkmuseum 6 km, Tropfsteinhöhle 12 km, Befreiungshalle 16 km.
Kontakt: Stadt Riedenburg, ☎ 09442/905000, touristik@riedenburg.de, www.riedenburg.de

HAMMER BRÄU

Bahnhofstraße 42
01587 Riesa
Tel.: 03525/530930
www.hammerbraeu.de
Öffnungszeiten: Mo-Di und Fr ab 17:00 Uhr, Sa und So ab 11:00 Uhr.
Das gibt's: Tischfass zum Selberzapfen, Veranstaltungen.

STELLPLATZ

Stellplatz am Elbeparkplatz

Elbstraße
01589 Riesa
03525/529420
www.tourismus.riesa.de

Separater, ausgeschilderter Platz auf dem Elbeparkplatz am Elbufer, Distanz zur Brauerei: 1,0 km

GPS: 51°18'22.40"N/13°18'23.98"E

Platz: = 12 auf Pflaster. . Einfahrt zum Stellplatz über eine steile Rampe, längere Fahrzeuge können mit dem Heck aufsetzen. Grauwasserentsorgung in der Kirchstraße 29, 01591 Riesa. WC/Dusche und Strom gegen Gebühr im benachbarten Bootshaus (0,1 km). Ganzjährig geöffnet.
Preis: 5 €.
Distanz: 0,2 km, 0,5 km, 0,5 km, 0,5 km.
Gastro: Kreta und Platon. O'Reilly's Irish Pub. Restaurant Goldener Herold. Pane & Vino. Restaurant Goldener Löwe. Cafe & Bäckerei Beutler. Erlebnisgastronomie Riesenhügel, Gasthausbrauerei Hammerbräu und Panama Joe's. Restaurant im Hotel Wettiner Hof.

Freizeit: 3,5 km, 2 km, 1 km. Elbe-Radweg/Röderradroute/Floßkanalroute/Gohrischheide-Rundweg, Elbfähre, Haus am Poppitzer Platz (Bibliothek/Stadtmuseum, Elbe-Radweg/Jahnatalradweg/Mulde-Elbe-Radweg/Mühlenradweg, Kindertobeland, Minigolfanlage im Sportzentrum Olympia Riesa, Bootsverleih 0,1 km, Tierpark 0,5 km, Discgolf-Parcours 4 km.
POI: Trinitatiskirche, Klosterkirche, Kapitelsaal im Rathaus 0,5 km, Klosterkomplex 0,5 km, Europas größte Eisenskulptur Elbquelle 0,8 km.
Kontakt: Touristinfo Riesa, 03525/529420, info@tourismus-riesa.de, www.tourismus.riesa.de

BRAUGASTHOF GROSCH

Oeslauerstraße 115
96472 Rödental
Tel.: 09563/7500
www.der-grosch.de
Öffnungszeiten: Brauereigasthof Mo-Sa 11:00-21:00 Uhr, So 11:00-14:00 Uhr.
Das gibt's: Traditionsbrauerei seit 1492, beim Brauen zuschauen, Brauereiführung mit Bierprobe, Preis der Arrangements auf Anfrage, Grosch Biertage.

STELLPLATZ

Wohnmobilstellplatz Schloss Rosenau

Rosenauer Weg 2
96472 Rödental
☎ 09563/960
www.roedental.de

Am Rande des Schlossparks, Distanz zur Brauerei: 0,3 km

GPS: 50°17'20.73"N/11°1'43.31"E

Platz: = 36 auf Schotterrasen. WC CHEM GRAU. WLAN in Planung. Ganzjährig geöffnet.
Preis: 10 € inkl. Entsorgung. Strom 0,50 €/ kWh, Wasser 0,10 €/10 l. Bezahlung am Parkautomat.
Distanz: 1 km, 0,5 km, 0,5 km, 0,5 km.
Gastro: Spatzl & Spetzl, Brauereigasthof Grosch.
Freizeit: 1 km, 1 km. Wander- und Radwege, Besichtigung der Brauerei Grosch 0,3 km.

POI: St.-Johannis-Kirche 0,6 km, Europäisches Museum für Modernes Glas 1,8 km, Schloss Rosenau mit Park 2,2 km, Kloster Mönchröden 3 km.
Kontakt: Stadt Rödental, ☎ 09563/960, info@roedental.de, www.roedental.de

BRAUEREI BIBERACH

Weißenhorner Straße 24
89297 Roggenburg-Biberach
Tel.: 07300/303
www.brauerei-biberach.de
Öffnungszeiten: Bierverkauf: Di-Fr 8.00-18.30 Uhr, Sa 8:00-13:00 Uhr. Gaststätte: Do ab 17:00 Uhr.
Das gibt's: Kleine Bierbrauerei seit 1844, Gaststätte angeschlossen.

DIREKT DRAN

STELLPLATZ

Stellplatz bei der Brauerei Biberach

Weißenhorner Straße 24
89297 Roggenburg-Biberach
☎ 07300/303
www.brauerei-biberach.de

In ruhiger Lage in der Nähe der Brauerei, Distanz zur Brauerei: 0,2 km

GPS: 48°17'15.71"N/10°13'18.89"E

Platz: / = 8 auf Schotter. =8 (13 A) CHEM/Bio GRAU. Aufenthalt max. 5 Tage. Geöffnet: März-Oktober (je nach Witterung auch länger).

Preis: 9 € inkl. Entsorgung. Strom 1 €/2 kWh, Wasser 1 €/80 l. Bezahlung am Parkscheinautomat.

Distanz: 0,3 km, weitere Restaurants in 1,5 km, 0,5 km, (H) 0,5 km, 1,5 km.

Gastro: Gaststätte Brauerei Biberach. Nur Do ab 17:00 Uhr geöffnet.

Freizeit: Brauereibesichtigung, Radweg ab Platz (E-Bike-Verleih im Kloster Roggenburg), Bodenerlebnispfad.

POI: Klosteranlage Roggenburg mit Klostergarten, -Museum/Kirche 1,5 km, Weißenhorn 5 km.

Kontakt: Richard Schmid, ☎ 07300/303, Mobil: 0176/40274774, info@brauerei-biberach.de, www.brauerei-biberach.de

BIERMANUFAKTUR ROTENBURG

Obertor 7
36199 Rotenburg/Fulda
Tel.: 06623/9141220
www.bier-rotenburg.de
Öffnungszeiten: Di-Fr: ab 15:00 Uhr, Sa, So und Feiertag ab 11:00 Uhr.
Das gibt's: Kleinstbrauerei, Brauseminar für 12 Euro, Schalander (Verkostungsraum) und Biergarten, Brauereifest.

STELLPLATZ

Stellplatz Am Wittich

Braacher Straße 16
36199 Rotenburg/Fulda
☎ 06623/5555
www.rotenburg.de

Direkt am Fulda-Radweg R1, Distanz zur Brauerei: 1,2 km

GPS: 51°0'3.06"N/9°43'16.01"E

Platz: = 30 auf Schotterrasen, Schotter. =24 (16 A) CHEM GRAU. Ganzjährig geöffnet.
Preis: Ab 6 € inkl. Entsorgung, Müll-Entsorgung, Kurtaxe. Strom 0,50 €/ kWh, Wasser 1 €/60 l. 15.4.-14.10. 6,50 €, 15.10.-14.4. 6 €.
Distanz: 0,6 km, 0,2 km, Ⓗ 0,9 km, 1 km.
Freizeit: 2,7 km, 1,6 km, 2,2 km. Fulda-Radweg R1, Angeln, Wasserwandern, Schaukelwald 1,2 km, Minigolf 1,3 km, Indoor-Spielplatz Koala Kids World 4,2 km.

POI: Jakobi-Kirche, Stiftskirche 0,5 km, Altstadt mit Fachwerkhäusern 0,5 km, Landgrafenschloss mit Park 0,5 km, Puppen- und Spielzeugmuseum 0,8 km.
Kontakt: Tourist-Info, ☎ 06623/5555, tourist-info@rotenburg.de, www.rotenburg.de

KLINDWORTHS

Hauptstraße 1
21644 Sauensiek
Tel.: 04169/91100
www.klindworths.de
Öffnungszeiten: Mo-Sa 17:00-22:00 Uhr, So 12:00-20:00 Uhr.
Das gibt's: Brauereiführung, Brauseminar, Gasthof, Biergarten, Naturbad Sauensiek, Veranstaltungen.

DIREKT DRAN

STELLPLATZ

Klindworths Gasthof

Hauptstraße 1
21644 Sauensiek
☎ 04169/911066
www.klindworths.de

An der Brauerei mit Restaurant im Grünen, Distanz zur Brauerei: 0 km

GPS: 53°22'46.56"N/9°35'45.16"E

Platz: P = 10 auf Wiese. Ohne Service vor der Schranke. Weitere Stellplätze auf dem Camping zu den Campingpreisen. Ganzjährig geöffnet.
Preis: 10 € inkl. aller Personen.
Gastro: Restaurant mit Biergarten am Platz.
Freizeit: Brauereiführungen, Bierseminare, Naturbad Sauensiek.
Kontakt: Klindworths Gasthof, ☎ 04169/911066, gasthof@klindworths.de, www.klindworths.de

BRAUEREI KIRSCHENHOLZ

Hauptstraße 4
24637 Schillsdorf
Tel.: 04394/309
beer-brauerei.de
Öffnungszeiten: Restaurant/Brauerei: Mi-Fr 17:00-20:30 Uhr, Sa-So 11:00-20:30 Uhr, Mo-Di Ruhetag, Bauerladen: Mi-Fr: 17:00-20:00 Uhr, Sa-So und feiertags 11:00-20:00 Uhr.
Das gibt's: Brauereibesichtigung möglich, Brauseminar für 95 Euro, Bierwagen mit Zapfanlage zu mieten (Reisemobil-Clubs), individuelle Etiketten, Bauernladen.

DIREKT DRAN

STELLPLATZ

Brauerei Kirschenholz

Hauptstraße 4
24637 Schillsdorf
☎ 04394/309
www.kirschenholz.de

Landgasthof mit eigener Landbrauerei, Distanz zur Brauerei: 0,1 km

GPS: 54°6'49.32"N/10°7'32.76"E

Platz: = 5, = 2 auf Wiese, Schotter. =2 . wird empfohlen. Gasflaschentausch in der Nähe. Ganzjährig geöffnet.
Preis: 10 €. Strom 5 €.
Distanz: 0,5 km, 5 km, 5 km.
Gastro: Landgasthof Kirschenholz, Mi-Fr 17:00-20:30 Uhr, Sa-So/feiertags 11:00-20:30 Uhr, Mo-Di Ruhetag.

Freizeit: 15 km, 15 km, 16 km. Bei Gruppen ab 10 Personen Brauereiführungen möglich.
POI: Kiel 20 km, Naturpark Westensee 25 km.
Kontakt: Kirschenholz, Gaby Overath, ☎ 04394/309, info@kirschenholz.de, www.kirschenholz.de

GLENTLEITNER WIRTSCHAFT & BRAUEREI

An der Glentleiten 1
82444 Schlehdorf
Tel.: 08851/18547
www.glentleiten.de
Öffnungszeiten: Di-So 10:00-17:00 Uhr.
Das gibt's: Freilichtmuseum, Schaubrauerei mit Maischepfanne und Läuterbottich, Gärbottiche und Lagertanks im Stockwerk darunter, Bierseminare.

DIREKT DRAN

STELLPLATZ

Freilichtmuseum Glentleiten

An der Glentleiten 4
82439 Großweil
☎ 08851/1850
www.glentleiten.de

Auf dem Museumsparkplatz, Distanz zur Brauerei: 0 km

GPS: 47°39'53.91"N/11°17'5.76"E

Platz: = 10 auf Schotter. Museum geöffnet von 19.3.-11.11. täglich (außer Mo) 10:00-17:00 Uhr, Juni-September auch Mo, feiertags immer geöffnet. Aufenthalt tagsüber nur für Museumsbesucher, sonst eine Nacht von 18:00-8:00 Uhr. Geöffnet: Juni-Ende September.
Preis: 16 €. 1 Museumseintritt inklusive.
Distanz: Ⓗ 0,1 km, 2 km, 2 km.
Gastro: Kramerladen (selbstgebackene Kuchen, kleine Speisen, Eis, Kaffee und verschiedene Getränke). Museumsgastronomie (Bayerische Spezialitäten, im Museum gebrautes Bio-Bier).

Freizeit: 8 km, 8 km, 2 km. Kurse für Museumsbesucher, Aktionstage, Handwerksvorführungen, Freilichtmuseum Glentleiten.
POI: Kloster Benediktbeuern, Franz-Marc-Museum, Schlossmuseum Murnau, Berge und Seen 15 km.
Anfahrt: Steile Anfahrt.
Kontakt: ☎ 08851/1850, freilichtmuseum@glentleiten.de, www.glentleiten.de

LUZIFER SCHLESWIG

Königstraße 27
24837 Schleswig
Tel.: 04621/488213
www.luzifer-sylt.de
Öffnungszeiten: Mo-Fr 17:00-21:00 Uhr, Sa 10:00-21:00 Uhr, So 9:00-21:00 Uhr.
Das gibt's: Braureiführungen samt deftigem Brauereiteller für 22,50 Euro, Termin nach Absprache, Frühstücksbuffet.

STELLPLATZ

Stellplatz am Schleswiger Stadthafen

Am Hafen 5
24837 Schleswig
☎ 04621/801450
www.wohnmobilplatz-schleswig.de

Großzügiger Stellplatz mit Hafenflair und gutem Service, Distanz zur Brauerei: 0,8 km

GPS: 54°30'42.00"N/9°34'6.00"E

Platz: = 45 auf Schotter, Asphalt. =45 (10 A) WC CHEM GRAU. Ganzjährig geöffnet.
Preis: Ab 14 € inkl. Strom, Wasser, Entsorgung, Dusche, WC, Müll-Entsorgung, WLAN, Kurtaxe. Jede weitere Person 3 €, Waschmaschine/Trockner je 2,50 €. 1.3.-30.11. 20 €, 1.12.-28.2. 14 €. Wohnmobile mit Trailerboot 28 €. Im Winter ohne VE und WC. Zugang zum Sanitärgebäude, Müllentsorgung sowie Frischwasser mit Chips gegen 20 € Pfand.
Distanz: Ⓗ 0,1 km, 0,2 km, weitere Restaurants in 0,5 km Entfernung, 0,4 km, 0,5 km.
Gastro: Warme Küche 11:00-23:00 Uhr.
Freizeit: 1 km, 3 km, 0,5 km. Nordic Walking, Tretboot-/Kanuverleih am Platz, Schiffsrundfahrt mit der Schleischiff.
POI: Schleswiger Dom, Fischersiedlung Holm 0,1 km, Globushaus mit Barockgarten 2,5 km, Landesmuseum Schloss Gottorf 3 km, Wikinger-Museum/Wikinger-Siedlung Haithabu 6 km.
Kontakt: Schleswiger Kommunalbetriebe, Harald Eschen, ☎ 04621/801450, womo-sl@stadtwerke-sh.de, www.womoplatz-schleswig.de

BRAUMANUFAKTUR SCHMALKALDEN

Weidebrunner Gasse 8
98574 Schmalkalden
Tel.: 0173/3520811
www.braumanufaktur-schmalkalden.de
Öffnungszeiten: Di 14:30-18:00 Uhr und nach Vereinbarung.
Das gibt's: Kleine, unabhängige Brauerei, Braukurse mit theoretischer Bierkunde, anpacken wie in der Praxis, Verkostung für 60 Euro.

STELLPLATZ

Reisemobilstellplatz Westendpark

Westendstraße 4
98574 Schmalkalden
☎ 03683/4692897
www.schmalkalden.com

Im drei Hektar großen Westendpark im Grünen, Distanz zur Brauerei: 1,1 km

GPS: 50°43'15.00"N/10°26'27.00"E

Platz: P = 14 auf Asphalt. =8 (16 A) CHEM GRAU . 8 Stellplätze auf Asphalt, 6 auf befestigtem Untergrund. November-Ende März keine VE. Gasflaschentausch in 0,4 km bei Spedition Wolf, Auer Weg 7. Ganzjährig geöffnet.

Preis: 10 € inkl. aller Personen, Entsorgung, Müll-Entsorgung. Strom 1 €/6 h, Wasser 1 €/100 l. Bezahlung in bar oder mit EC-Karte.

Distanz: Ⓗ 0,1 km, 0,2 km, 0,3 km, 0,8 km.

Freizeit: 2 km. Mommelsteinradweg, Nordic Walking-Parcours 6 km, Barfußpfad 8 km.

POI: Viba Nougat Welt 0,2 km, hist. Altstadt 0,8 km, Schloss Wilhelmsburg mit Museum und Terrassengarten 1 km, Fachwerk-Erlebnishaus 1 km.

Kontakt: Stadtwerke Schmalkalden, Herr Marr, Mobil: 0151/10126230, www.schmalkalden.com

BRAUMANUFAKTUR HERTL

Thüngfeld 61
96132 Schlüsselfeld
Tel.: 09552/981028
www.braumanufaktur-hertl.de
Öffnungszeiten: Mo-Fr 9:00-18:00 Uhr, Sa 10:00-16:00 Uhr.
Das gibt's: Kleinste Brauerei Frankens, Brauereiführung 18,90 Euro, Seminare ab 49 Euro, Schluckimpfung, Hopfen-Gin und Brauereiwanderung.

DIREKT DRAN

STELLPLATZ

Braumanufaktur Hertl

Thüngfeld 61
96132 Schlüsselfeld
☎ 09552/981028
www.braumanufaktur-hertl.de

Die kleinste Brauerei Frankens, Distanz zur Brauerei: 0 km

GPS: 49°45'3.06"N/10°37'43.73"E

Platz: = 2 auf Asphalt. WC. Telefonische Anmeldung am Vortag (Hunde bitte mit anmelden). Hofladen geöffnet Mo-Fr 9:00-18:00 Uhr/Sa 10:00-16:00 Uhr. Anreise bis 20:00 Uhr. Ganzjährig geöffnet.
Preis: Übernachtung gratis. WC, Strom und Wasser 5 €.
Gastro: Einkehr nach Voranmeldung.
Freizeit: Steigerwaldhochpfad.

Kontakt: Bernd Hertl, ☎ 09552/981028, info@braumanufaktur-hertl.de, www.braumanufaktur-hertl.de

STELLPLATZ

Stellplatz am Morelo-Werk

Helmut-Reimann-Straße 2
96132 Schlüsselfeld
☎ 09552/929600
www.morelo-reisemobile.de

Neben dem Werksgelände, Distanz zur Brauerei: 0,9 km

GPS: 49°44'59.92"N/10°38'28.98"E

Platz: = 50 auf Asphalt. CHEM GRAU. Aufenthalt max. 5 Nächte. Beleuchtet. Ganzjährig geöffnet.
Preis: 15 € inkl. Strom, Wasser, Entsorgung. Für Morelo-Vip-Kunden gratis, Morelo-Friends-Club-Mitglieder erhalten 20 % Rabatt. Bezahlung mit EC- oder Kreditkarte.
Distanz: 1,6 km.
Freizeit: Werksführungen.

POI: Freizeit-Land Geiselwind, Stadtmuseum.
Kontakt: Morelo Reisemobile ☎ 09552/929600, info@morelo.eu, www.morelo-reisemobile.de

Weiterer Stellplatz:
Wohnmobilstellplatz Concorde-Reisemobile, Concorde-Straße 4, 96132 Schlüsselfeld-Aschbach, Tel.: 09555/92250, www.concorde.eu

STELLPLATZ

Parkplatz Bamberger Straße

Bamberger Straße
96132 Schlüsselfeld
☎ 09552/92220
www.schluesselfeld.de

Im Stadtzentrum, Distanz zur Brauerei: 0,8 km

GPS: 49°45'21.13"N/10°37'19.19"E

Platz: / = 6 auf Pflaster. CHEM GRAU. Flächen etwas schräg. Ganzjährig geöffnet.
Preis: Übernachtung gratis. Wasser 1 €/80 l, Entsorgung 1 €.
Gastro: Pizzeria Marija. Gasthof Schwarzer Adler. Pizzeria La Fortuna. Hotel Gasthof zum Storch.
Freizeit: 15 km, 1 km, 4 km. Altstadtbummel, Golfplatz.

POI: Marienkapelle, Stadtmuseum, Oberes Tor 0,1 km, Pfarrkirche St. Johannes 0,1 km.
Kontakt: Stadt Schlüsselfeld, ☎ 09552/92220, stadt@schluesselfeld.de, www.schluesselfeld.de

Weiterer Stellplatz:
Parkplatz Aschbacher Straße, Aschbacher Straße 5, 96132 Schlüsselfeld-Aschbach, Tel.: 09555/92220, www.schluesselfeld.de

BRAUHAUS BARBAROSSA

Aschaffenburger Straße 18
63825 Schöllkrippen
Tel.: 06024/5454
www.brauhaus-barbarossa.de
Öffnungszeiten: Di-Fr ab 17:30 Uhr, Sa und So ab 11:00 Uhr.
Das gibt's: Brauhaus mit Restaurant und Biergarten, Bierbrauseminare ab 35 Euro, Brauhaus-Shop, Brauereifest, Fladentag, Burger & Bier, So Brunch.

STELLPLATZ

Reisemobilplatz am Naturerlebnisbad

Am Sportgelände
63825 Schöllkrippen
☎ 06024/67350
www.vg-schoellkrippen.de

Kommunaler Reisemobilplatz in ruhiger Lage, Distanz zur Brauerei: 0,7 km

GPS: 50°5'4.00"N/9°15'11.00"E

Platz: = 35 auf Schotterrasen, Wiese. =24 (16 A) CHEM GRAU. Anfahrt 24 h. Aufenthalt unbegrenzt. Teils unebene Stellflächen, nur bedingt für schwere Fahrzeuge, da Wiesengelände. Ganzjährig geöffnet.
Preis: 9 € inkl. aller Personen, Entsorgung, Müll-Entsorgung. Strom 0,50 €/ kWh, Wasser 1 €/80 l.
Distanz: 0,5 km, 0,7 km, Ⓗ 0,7 km, 0,7 km.
Gastro: Mehrere Restaurants ab 0,7 km.

Freizeit: Gästeführung auf Anmeldung, Wassertretanlage, Bergwerksführung, Bierseminar und Brauereiführung.
POI: Besucherbergwerk Grube Wilhelmine 4 km, Schloss Johannisburg, Pompejianum in Aschaffenburg 20 km.
Kontakt: Markt Schöllkrippen, ☎ 06024/67350, kontakt@vg-schoellkrippen.de, www.vg-schoellkrippen.de

SCHONGAUER BRAUHAUS

Altenstadter Straße 13
86956 Schongau
Tel.: 08861/9336222
brauhaus-schongau.de
Öffnungszeiten: Mo-Do 17:00-22:00 Uhr, So und Feiertag 11:30-20:00 Uhr.
Das gibt's: Brauhaus mit regionaler Küche, Biergarten, jeden Fr Veranstaltungstag, Sa nur Wohnmobil-Dinner nach Voranmeldung.

DIREKT DRAN

STELLPLATZ

Schongauer Brauhaus

Altenstadter Straße 13
86956 Schongau
☎ 08861/9336222
www.schongauerbrauhaus.de

An einer privaten Brauerei mit Restaurant, Distanz zur Brauerei: 0 km

GPS: 47°48'59.27"N/10°53'30.71"E

Platz: = 2 auf Schotter. . wird empfohlen. Bitte vor Anreise anmelden. WC zu den Öffnungszeiten des Brauhauses, Wasser bei Voranmeldung. Ganzjährig geöffnet.
Preis: 6,60 € inkl. Strom.
Distanz: , weitere Restaurants in 0,5 km, 0,3 km, 0,5 km, 0,5 km.
Gastro: Schongauer Brauhaus mit Biergarten, Mo-Do 17:00-22:00 Uhr, So und Feiertag 11:30-20:00 Uhr. Womo-Dinner möglich.

Freizeit: 2 km, 2 km. Brauereiführung mit Bierprobe nach Voranmeldung, kulturelle Veranstaltungen Fr abends.
POI: Romanische Basilika Altenstadt 2 km, Wieskirche Steingaden 20 km.
Kontakt: Marion Albrecht, ☎ 08861/9336222, info@brauhaus-schongau.de, brauhaus-schongau.de

HEIN'S FRÄNKISCHE WIRTSCHAFT

Münchberger Straße 17
95126 Schwarzenbach/Saale
Tel.: 09284/7574
www.cafe-hein.de
Öffnungszeiten: So und Mo 17:00-21:00 Uhr, Fr und Sa 17:00-22:00 Uhr.
Das gibt's: Gebäude von 1752, rustikales Wirtshaus, Gasthausbrauerei, Museumswerkstatt und Biergarten.

STELLPLATZ

Frankonianer-Gasthausbrauerei – Café Hein

Förbauer Straße 2
95126 Schwarzenbach/Saale
☎ 09284/297, 09284/7574
cafe-hein.de

Auf dem Parkplatz des Café Hein in Schwarzenbach, Distanz zur Brauerei: 0 km

GPS: 50°13'20.18"N/11°55'48.31"E

Platz: = 2 auf Schotter, Schotter, Sand/Splitt, Schotterrasen, Kiesel. . Verlängerungskabel für Strom notwendig. VE bei Fa. Hein Haustechnik nur nach Absprache. Ganzjährig geöffnet.
Preis: Übernachtung gratis.
Distanz: 0,1 km (Fa. Hein Haustechnik, Münchberger Straße 9-13, 95126 Schwarzenbach/Saale).

Gastro: Café/Bistro/Fränkische Wirtschaft mit Gasthausbrauerei.
Freizeit: Stadtführungen, Wanderungen.
POI: Werksverkauf Giegold, Fernwehpark Oberkotzau, Museumswerkstatt, Förmitzspeicher, Alte Flaschnerei, Saaletal, Erika-Fuchs-Haus, Deutschlands erstes Comic-Museum, Vogtlandmuseum.
Kontakt: Café/Wirtschaft Hein, Michael Hein, ☎ 09284/297,09284/7574, hallo@cafe-hein.de, cafe-hein.de

GLAABSBRÄU

Wallstraße 1
63500 Seligenstadt
Tel.: 06182/9260
www.glaabsbraeu.de
Öffnungszeiten: Mo-Do 8:00-15:00 Uhr, Fr 8:00-12:00 Uhr
Das gibt's: Familienbetrieb in neunter Generation, Brauereiführung Fr 18:30 Uhr und Sa 14:00 Uhr, 15 Euro, Braumeister-Tasting am ersten Fr im Monat, 60 Euro, Braukurs Sa nach Anmeldung 99 Euro, Brauerlebnis mit Planwagenfahrt 34 Euro.

STELLPLATZ

Wohnmobilstellplatz Seligenstadt

Am Schwimmbad 5
63500 Seligenstadt
☎ 06182/878010
www.seligenstadt.de

Auf dem Parkplatz beim Schwimmbad, Distanz zur Brauerei 1,5 km

GPS: 50°2'10.47"N/8°59'2.14"E

Platz: = 4 auf Asphalt. . Aufenthalt max. 3 Tage, WC/Duschen im Schwimmbad gegen Gebühr (15.5.-15.9.). Ganzjährig geöffnet.
Preis: Übernachtung gratis.
Distanz: 0,5 km, Ⓗ 0,2 km, 0,4 km, 1 km.
Gastro: Mehrere Restaurants in der Umgebung.

Freizeit: Stadtbesichtigung, Minigolfanlage.
POI: Altstadt mit Einhard-Basilika/Klosteranlage 0,3 km.
Kontakt: Tourist-Info, ☎ 06182/878010, touristinfo@seligenstadt.de, www.seligenstadt.de

HOTEL SELSINGER HOF

Bahnhofstraße 1
27446 Selsingen
Tel.: 04284/93930
www.selsingerhof.de
Öffnungszeiten: Mo-Di und Fr-Sa 17:00-23:00 Uhr, So 11:30-14:00 und 17:00-23:00 Uhr.
Das gibt's: Privatbrauerei mit Gasthof, Brauereibesichtigung inklusive viergängigem Braumeister-Menü für 28 Euro, Bier zum Mitnehmen.

STELLPLATZ

Wohnmobilstation am Sportgelände

Im Sick
27446 Selsingen
☎ 04284/9307111
www.selsingen.de

Geschützte Stellplätze in ruhiger Lage, Distanz zur Brauerei: 0,8 km

GPS: 53°22'33.00"N/9°12'26.00"E

Platz: = 10 auf Pflaster. GRAU . Tankstelle in 0,5 km. Ganzjährig geöffnet.
Preis: Übernachtung gratis.
Distanz: Ⓗ 0,5 km, 0,5 km, 0,5 km, 0,5 km.
Gastro: Selsinger Hof, Landgasthaus Martin, Pizzeria La Bottega.
Freizeit: 1 km, 1 km. Wanderwege, Tennisplatz 0,1 km.

POI: Kirche von 1725 und restauriertes Bauernhaus 1 km, Holländerwindmühle 2 km, steinzeitliches Hügelgrab 3 km, Wassermühle 4 km.
Kontakt: Landtouristik Samtgemeinde Selsingen, ☎ 04284/9307111, landtouristik.sg@selsingen.de, www.selsingen.de

BRAUEREI ZOLLER-HOF

Leopoldstraße 40
72488 Sigmaringen
Tel.: 07571/7210
www.zoller-hof.de
Öffnungszeiten: Di-Sa 10:00-22:00 Uhr, So 10:00-14:00 Uhr.
Das gibt's: Privatbrauerei mit Zündapp-Museum, für angemeldete Gruppen ab 15 Personen auch außerhalb der Öffnungszeiten geöffnet, 5 Euro Eintritt, individuelle Brauereiführungen nach Anmeldung.

STELLPLATZ

Wohnmobilstellplatz Sigmaringen

Georg-Zimmerer-Straße 6
72488 Sigmaringen
☎ 07571/50411
www.wohnmobilstellplatz-sigmaringen.de

In Zentrumsnähe an der Donau, mit Blick auf Schloss Sigmaringen, Distanz zur Brauerei: 1,1 km

GPS: 48°5'6.39"N/9°12'35.02"E

Platz: = 24 auf Schotter. =24 (16 A) CHEM GRAU . Ganzjährig geöffnet.
Preis: 10 € inkl. aller Personen, Entsorgung, Müll-Entsorgung. Strom 1 €/3 h, Wasser 1 €/100 l, VE für Durchreisende 5 €. Bezahlung am Münzautomaten.
Distanz: 0,1 km, 0,1 km, weitere Restaurants in 0,3 km, 0,3 km, Ⓗ 0,2 km.

Gastro: Steakhouse Palmengarten in 80 m.
Freizeit: 0,2 km. Kanu fahren, Minigolf (3 €, Kinder 2 €), Hochseilgarten 0,1 km.
POI: Donautal, Schloss Sigmaringen 0,3 km.
Kontakt: out & back, Jörg Stadler, ☎ 07571/50411, info@outandback.de, www.wohnmobilstellplatz-sigmaringen.de

BRAUEREI ZWIEBEL

Ulricherstraße 24
59494 Soest
Tel.: 02921/4424
www.brauhaus-zwiebel.com
Öffnungszeiten: Brauhaus: täglich ab 11:00 Uhr.
Das gibt's: Einzige Soester Brauerei, Brauhaus mitten in der Altstadt, Brauereibesichtigung mit Bierverkostung für 11,90 Euro, Shop.

STELLPLATZ

City-Motel Soest

Altes Stellwerk 9
59494 Soest
☎ 02921/3549052
www.citymotel-soest.de

Wohnmobilstellplatz am City-Motel Soest, Distanz zur Brauerei: 1,3 km

GPS: 51°34'31.02"N/8°6'56.40"E

Platz: = 24 auf Rasengittersteinen. =24 (10 A) WC CHEM GRAU . Anfahrt 8:00-22:00 Uhr, Abfahrt bis 15:00 Uhr. Ganzjährig geöffnet.
Preis: 10 € inkl. Entsorgung, WC, Müll-Entsorgung, WLAN. Strom 0,50 €/ kWh, Wasser 0,50 €/ min, Dusche 2 €/8 min.
Distanz: Ⓗ 0,1 km, 0,1 km, 0,2 km, 0,3 km.
Gastro: Mehrere Restaurants ab 0,3 km.

Freizeit: 3 km, 0,8 km.
POI: St. Patrokli Dom, Kunstmuseum Wilhelm-Morgner-Haus, Rathaus mit Gebäudeteilen aus verschiedenen Jahrhunderten, Grünsandstein-Museum, Osthofentor 0,3 km, hist. Altstadt Soest 0,7 km, Möhnesee 10 km.
Kontakt: ☎ 02921/3549052, mail@citymotel-soest.de, www.citymotel-soest.de

STADTBRAUEREI SPALT

Brauereigasse 3
91174 Spalt
Tel.: 09175/79610
www.spalter-bier.de
Öffnungszeiten: Mo-Do 7:00-12:00 und 13:00-15:45 Uhr, Fr 7:00-12:00 Uhr.
Das gibt's: Stadtbrauerei, Brauereibesichtigung mit oder Vesper ab 12,90 Euro, Bierverkostung und -seminar, Spalter Bierwoche im April, Hopfenbiergut mit Museum.

STELLPLATZ

Wohnmobilpark Rezattal

Obeltshauserstraße 3
91174 Spalt
☎ 09175/225
mueller-spalt@t-online.de

Eingezäunter Stellplatz am Altstadtkern, Distanz zur Brauerei: 0,5 km

GPS: 49°10'29.80"N/10°55'45.00"E

Platz: = 20 auf Schotterrasen. =20 (10 A) WC CHEM GRAU. wird empfohlen. Geöffnet: März-Ende September, 1. Advents-Wochenende geöffnet.
Preis: 15 € inkl. Wasser, Entsorgung, Müll-Entsorgung, Kurtaxe, Hund. Dusche 2 €, WC 1,50 €. 4 kWh Strom inkl. Jeder weitere Hund 1,50 €.
Distanz: 0,1 km, 0,1 km, 0,1 km.

Gastro: Café, Restaurant Krone, Restaurant Rotes Ross.
Freizeit: Wandern, Radfahren, Brombachsee 3,5 km.
POI: Weihnachtsmarkt, Hopfen- und Biermuseum - Bierverkostung jeden 1.Do im Monat mit Bieren aus aller Welt 0,1 km, hist. Altstadtkern 0,1 km.
Kontakt: Hildegard Müller, ☎ 09175/225, mueller-spalt@t-online.de, www.spalt.de

RATSKELLER STADE

Hökerstraße 10
21682 Stade
Tel.: 04141/787228
www.ratskeller-stade.de
Öffnungszeiten: Mo-Fr 12:00-14:30 und 17:00 bis 21:30 Uhr, Sa 12:00-22:00 Uhr, So 12:00-21:00 Uhr.
Das gibt's: Kleine Brauerei im Ratskeller, ältestes Kellergewölbe der Stadt, Biergarten, auch für Radler, regionale Spezialitäten.

STELLPLATZ

Wohnmobilstellplatz Am Schiffertor

Schiffertorstraße 21
21682 Stade
☎ 04141/7769840
www.stade-tourismus.de

Nahe zur Altstadt, in ruhiger Lage am Rande eines Landschaftsschutzgebietes, Distanz zur Brauerei: 0,7 km

GPS: 53°36'9.33"N/9°27'56.99"E

Platz: P = 79 auf Schotter. =72 WC CHEM GRAU . Außenspülbecken für Geschirr. Ebene und geschotterte Parzellen durch Hecken begrünt und abgegrenzt. Ganzjährig geöffnet.
Preis: 18 € inkl. Entsorgung, Müll-Entsorgung, WLAN. Strom 0,50 €/ kWh, Wasser 1 €/80 l, WC 1 €/4 min, Duschen 1 €/4 min, Waschmaschine/ Trockner je 3 €.
Distanz: , Ⓗ 0,1 km, 0,4 km, weitere Restaurants in 0,6 km, 0,8 km.
Gastro: Brötchenservice und Beachbar in der Saison.
Freizeit: 2,5 km, 2,5 km, 1,3 km. Anschluss ans Fahrradwegenetz, Kanu fahren, maritime Erlebnisangebote.
POI: Hist. Altstadt, Holzkran und Hahnentor 0,7 km, Senatorenhaus, Traufenhaus, Hökerhus und Kramerhus 0,8 km, Schwedenspeicher-Museum 0,8 km.
Kontakt: Stade Marketing und Tourismus, Lea Freudenthal, ☎ 04141/7769840, wohnmobilstellplatz@stade-tourismus.de, www.stade-tourismus.de

LANDWEHR-BRÄU

Reichelshofen 31
91628 Steinsfeld-Reichelshofen
Tel.: 09865/98970
www.landwehr-braeu.de
Öffnungszeiten: Brauerei-Gasthof täglich 7:00-22.30 Uhr.
Das gibt's: Brauereibesichtigung mit Bierprobe für 9,50 Euro, mit Vesper für 23,50 Euro oder mit Bieranstich ab 12,50 Euro, Bierverkostung, Bierrezepte.

DIREKT DRAN

STELLPLATZ

Brauerei-Gasthof Landwehrbräu

Reichelshofen 31
91628 Steinsfeld-Reichelshofen
☎ 09865/9890
www.landwehr-braeu.de

Parkplatz gegenüber des Hotels, Distanz zur Brauerei: 0 km

GPS: 49°26'23.00"N/10°12'46.00"E

Platz: = 5 auf Asphalt. =1 . Anmeldung bei Anreise im Hotel. Anfahrt 7:00-22:00 Uhr, Strom auf Anfrage. Geöffnet: Februar-Dezember.
Preis: Für Restaurantgäste kostenlos inkl. Strom. Einkehr obligatorisch. WLAN im Hotel gratis.
Distanz: 7 km.
Gastro: Brauerei-Gasthof Landwehrbräu, warme Küche bis 21:00 Uhr, Frühstücksbuffet (Reservierung erforderlich) 7:00-10:00 Uhr.

Freizeit: 7 km, 7 km, 7 km. Bierwanderweg, Brauereibesichtigung nach Voranmeldung Do 17:00 Uhr und Sa 16:00 Uhr.
POI: Rothenburg ob der Tauber 7 km, Creglingen 15 km, Fränkisches Freilandmuseum Bad Windsheim 20 km.
Kontakt: Familie Roland Hausmann, ☎ 09865/9890, hotel@landwehr-braeu.de, www.landwehr-braeu.de

STÖRTEBEKER BRAUMANUFAKTUR

Greifswalder Chaussee 84-85
18439 Stralsund
Tel.: 03831/2550
www.stoertebeker.com
Öffnungszeiten: Mo-Fr 9:00-18:00 Uhr
Das gibt's: Online-Bierverkostung, Abenteuer Seereise mit historischen Segelschiffen wie der Eye of the Wind.

STELLPLATZ

Caravanstellplatz An der Rügenbrücke

Werftstraße 9a
18439 Stralsund
03831/6679777
www.caravanstellplatz-stralsund.de

Fußläufig zur Innenstadt, in Sichtweite der Rügenbrücke, Distanz zur Brauerei: 1,8 km

GPS: 54°18'9.26"N/13°5'55.44"E

Platz: P / = 100 auf Schotterrasen, Sand/Splitt, Schotter. =100 (16A) WC CHEM GRAU . Einfahrt 5:00-1:00 Uhr, Ausfahrt 24 h. Ganzjährig geöffnet.
Preis: 20 € inkl. Entsorgung, WC, Müll-Entsorgung, WLAN. Strom 0,50 €/ kWh, Wasser 0,10 €/ l, Dusche 1 €/4 min.

Distanz: 2 km, 1,5 km, 0,5 km, 0,1 km.
Freizeit: 2,5 km, 6 km, 2 km.
POI: Ozeaneum 1,5 km, Weltkulturerbe Innenstadt Stralsund 1,5 km, Meeresmuseum 1,5 km.
Kontakt: Dahnke & Dahnke, 03831/6679777, info@caravanstellplatz-ruegenbruecke.de, www.caravanstellplatz-stralsund.de

BRAUEREI GRIESS

Magdalenenstraße 6
96129 Strullendorf
Tel.: 09505/1624
www.brauerei-griess.de
Öffnungszeiten: Mo, Do und Fr 15:00-22:00 Uhr, Sa 10:00-22:00 Uhr, So 10:00-12:00 und ab 15:00 Uhr.
Das gibt's: Fränkische Landbrauerei mit Biergarten für 200 Personen unter Kastanien und Bierkeller, Wandergruppen bis vier Personen dürfen innen einkehren, mehr Personen nur im Biergarten, Braukurse Di nach Absprache.

DIREKT DRAN

STELLPLATZ

Brauerei-Gasthof Griess

Magdalenenstraße 6
96129 Strullendorf-Geisfeld
☎ 09505/1624
www.brauerei-griess.de

Unweit des Brauerei-Gasthofs Griess in Geisfeld am Ortsrand, Distanz zur Brauerei: 0 km

GPS: 49°52'52.10"N/11°0'31.23"E

Platz: = 15 auf Schotter, Naturboden, Schotterrasen. . nur bei Gruppen. Nächste VE in Leesten. Keine Wohnwagen erlaubt. Ganzjährig geöffnet.
Preis: Für Restaurantgäste kostenlos. Einkehr obligatorisch. Strom 5 €. Fremdparker bezahlen 1 € pro Stunde.
Distanz: , , Ⓗ 0,5 km, 5 km.

Gastro: Brauerei Gasthof mit Biergarten, Mo, Do-Fr 15:00-22:00 Uhr, Sa 10:00-22:00 Uhr, So 10:00-12:00 Uhr und ab 15:00 Uhr, Di/Mi Ruhetag.
Freizeit: 5 km, 7 km, 5 km. Bierkellertouren, Brauereiführung nach Absprache.
POI: Weltkulturerbe Bamberg 5 km.
Kontakt: Peter Griess, ☎ 09505/1624, griess.peter@web.de, www.brauerei-griess.de

BRAUEREI-GASTHOF SPERBER-BRÄU

Rosenberger Straße 14
92237 Sulzbach-Rosenberg
Tel.: 09661/87090
www.sperber-braeu.de
Öffnungszeiten: Gasthaus Mo-Sa 17:00-22:00 Uhr, So 9:00-14:00 und 17:00-22:00 Uhr.
Das gibt's: Brauerei mit Gasthof, Bierexpedition, Bierculinarium, Bierverkostung, alle Preise auf Anfrage.

ORTH-BRÄU ZUM FUCHSBECK

Hagtor 1
92237 Sulzbach-Rosenberg
Tel.: 09661/4518
www.fuchsbeck.de
Öffnungszeiten: Mo 17:00-23:00 Uhr, Do-Sa 9:30-23:30 Uhr, So 9:30-12:30 Uhr.
Das gibt's: Brauereibesichtigung nach Anmeldung für 10 Euro, gemütliche Wirtsstube mit Veranstaltungen, Fanshop.

STELLPLATZ

Wohnmobilstellplatz Sulzbach-Rosenberg

Bayreuther Straße
92237 Sulzbach-Rosenberg
☎ 09661/510110
www.sulzbach-rosenberg.de

Am Rande der Altstadt, Distanz zur Brauerei Sperber-Bräu: 0,4 km, zur Brauerei Orth-Bräu: 0,6 km

GPS: 49°30'20.66"N/11°44'42.18"E

Platz: = 4 auf Schotter. =4 (16 A) CHEM GRAU. Campingverhalten nicht erlaubt. Leinenpflicht für Hunde. Aufenthalt max. 3 Tage. Anfahrt 24 h. Ganzjährig geöffnet.
Preis: Übernachtung gratis. Strom 0,50 €/ kWh, Wasser 1 €/3 min.
Distanz: 0,2 km, 0,2 km, Ⓗ 0,2 km, 0,2 km.
Gastro: Restaurants/Cafés unter www.suro.city.

Freizeit: 3 km. Sportpark mit Squash, Kegeln, Tennis, Klettern, Fitness-Studio 0,5 km.
POI: Hist. Altstadt 0,2 km, Literaturarchiv 0,3 km, Stadtmuseum und Schlossanlage 0,5 km, Erstes Bayerisches Schulmuseum 2 km.
Kontakt: Stadt Sulzbach-Rosenberg, ☎ 09661/510110, tourist-info@sulzbach-rosenberg.de, www.sulzbach-rosenberg.de

SCHULZENS

Lange Straße 34
39590 Tangermünde
Tel.: 039322/724985
www.schulzens.info
Öffnungszeiten: Di-Fr 9:00-13:00 Uhr, Sa 10:00-17:00 Uhr, So und Feiertag 10:00-17:00 Uhr.
Das gibt's: Brauerei mit Gaststätte, Braukurse, Führungen für 12 Euro, Kellerbar, Elbgarten, Museum „Schulzens Zeitreise", wechselndes Musikprogramm.

STELLPLATZ

Wohnmobilstellplatz Tangermünde

Klosterberg
39590 Tangermünde
☎ 039322/930
www.tangermuende.de

Teil des öffentlichen Parkplatzes am Tanger, Distanz zur Brauerei: 0,9 km

GPS: 52°32'16.39"N/11°58'7.69"E

Platz: = 40 auf Rasengittersteinen. =50 (16 A) WC CHEM GRAU . Aufenthalt max. 2 Tage. Öffentliches WC in 0,2 km. Leinenpflicht für Hunde. Ganzjährig geöffnet.
Preis: 12 € inkl. aller Personen, Strom, Wasser, Entsorgung, Müll-Entsorgung.
Distanz: 0,3 km, 0,3 km, Ⓗ 1 km, 1,5 km.
Gastro: Zahlreiche Restaurants in der Altstadt.
Freizeit: 2 km, 0,5 km, 0,2 km. Museumsbesuche, Stadtführung, Anlegestelle für Wassersportler 0,1 km, Fahrgastschifffahrt 0,5 km, Erholungscenter mit Schwimm-/Sauna-/Fitnessbereich 0,5 km.

POI: Altstadt mit zahlreichen Fachwerkhäusern 0,2 km, Stadtmauer, Türme und Tore der Backsteingotik 0,2 km, Rathaus 0,3 km, Burganlage 0,5 km, St. Stephanskirche 0,5 km.
Kontakt: Stadt Tangermünde, ☎ 039322/930, karoline.kinne@tangermuende.de, www.tangermuende.de

BRAUSTÜBERL TAUFKIRCHEN

Bräuhausstraße 3
84416 Taufkirchen/Vils
Tel.: 08084/411
www.taufkirchner-brauerei.de
Öffnungszeiten: Bräustüberl Do-Sa 17:00-23:00 Uhr, So 11:00-23:00 Uhr.
Das gibt's: Bräustüberl in den historischen Mauern der Brauerei, Abholmarkt.

STELLPLATZ

Wohnmobilstellplatz Taufkirchen

Am Weidenhain
84416 Taufkirchen/Vils
☎ 08084/370
www.taufkirchen.de

Am Ortsrand beim Weiden- und Skulpturenpark, angrenzend an die Vils, Distanz zur Brauerei: 1,0 km

GPS: 48°20'26.11"N/12°7'50.50"E

Platz: = 4 auf Schotter. CHEM GRAU . Ganzjährig geöffnet.
Preis: Übernachtung gratis. Strom 1 €/2 kWh, Wasser 1 €/100 l.
Distanz: 0,2 km, weitere Restaurants in 0,3 km, 0,4 km, 0,6 km, Ⓗ 0,6 km.

Freizeit: 1,5 km.
POI: Urzeitmuseum 0,7 km, Wasserschloss 0,9 km.
Kontakt: Gemeinde Taufkirchen, ☎ 08084/370, verwaltung@taufkirchen.de, www.taufkirchen.de

ALBQUELL BRÄUHAUS

Lindenplatz 6
72818 Trochtelfingen
Tel.: 07124/733
www.albquell-brauhaus.de
Öffnungszeiten: Mo ab 16:00 Uhr, Di-Sa 10:00-21.30 Uhr.
Das gibt's: Brauerei mit Gasthof, Bierkrugmuseum, Feste und Aktionen während des ganzen Jahres, Biergarten.

STELLPLATZ

Stellplatz bei der Eberhard-von-Werdenberghalle

Siemensstraße 4
72818 Trochtelfingen
☎ 07124/480
www.trochtelfingen.de

Am Rand der Trochtelfinger Kernstadt, Distanz zur Brauerei: 0,8 km

GPS: 48°18'29.00"N/9°14'9.00"E

Platz: = 15 auf Schotter. =3 (16 A) CHEM GRAU. Ganzjährig geöffnet.
Preis: 3 € inkl. aller Personen, Strom, Entsorgung. Wasser 1 €/50 l. Anmeldung/Bezahlung bei der Tourist-Info im Rathaus oder per Einwurf im Kuvert in den Briefkasten.
Distanz: Ⓗ 0,2 km, 0,3 km, 0,5 km, 0,5 km, weitere Restaurants in 1 km.
Freizeit: 0,1 km, 0,8 km. Skilifte, Mountainbiking, Tennis, Alb-Gold-Kundenzentrum mit gläserner Produktion (Nudelherstellung), Landmarkt, Restaurant und Kräutergarten 2,6 km, Erholungsanlage Lauchertsee 3 km, Traumland mit Bärenhöhle 12 km.

POI: Altstadt Trochtelfingen, Deutsche Fachwerkstraße, Schloss Lichtenstein 15 km.
Kontakt: Stadtverwaltung Trochtelfingen, ☎ 07124/480, info@stadt-trochtelfingen.de, www.trochtelfingen.de

BRÄUHAUS UMMENDORF

Bachstraße 10
88444 Ummendorf
Tel.: 07351/44430
www.braeuhaus.de
Öffnungszeiten: Gasthof: Mo, Di und So 11:30-14:00 und 17:30-21:30 Uhr, Fr und Sa 17:30-21:30 Uhr.
Das gibt's: Gasthof, Bierprobe und Brauereibesichtigung.

DIREKT DRAN

STELLPLATZ

Bräuhaus Ummendorf

Bachstraße 10
88444 Ummendorf
☎ 07351/44430
www.braeuhaus.de

Am Brauerei-Gasthof in der Ortsmitte hinter der Kirche, Distanz zur Brauerei: 0 km

GPS: 48°3'48.38"N/9°49'59.98"E

Platz: P / = 5 auf Pflaster, Asphalt. =2 WC GRAU . R wird empfohlen. WC zu den Öffnungszeiten des Gasthofs. Infotafel mit Umgebungskarte am Platz. Ganzjährig geöffnet. Ausnahmen: In den Schulferien Weihnachten, Pfingsten und Herbst geschlossen.
Preis: Übernachtung gratis inkl. WC. Strom 4 €, Wasser 4 €. Ab der 3. Nacht 4 €.
Distanz: , weitere Restaurants in 0,2 km Entfernung, H 0,3 km, 0,3 km, 0,4 km.

Gastro: Brauerei-Gasthof mit Hotel, Biergarten, Brauerei-Laden, Öffnungszeiten siehe Webseite.
Freizeit: 1 km, 1 km. Brauereibesichtigung ab 12 Personen, Tennis, Gesundheitszentrum Jordanbad mit Thermalbad und Saunadorf 1 km.
POI: Altstadt Biberach 6 km, Kloster Ochsenhausen 10 km.
Kontakt: Stefan Dobler, ☎ 07351/44430, info@braeuhaus.de, www.braeuhaus.de

BIERUNTERWELTEN

Stadtplatz 38
94474 Vilshofen/Donau
Tel.: 08541/208112
www.vilshofen.de
Öffnungszeiten: Sa 14:00-17:00 Uhr.
Das gibt's: Biermuseum im ehemaligen Gär- und Lagerkeller der Brauerei Wieninger, zeigt die seit 700 Jahren dokumentierte Brauereigeschichte der Stadt, Eintritt, Bierprobe und Erinnerungsglas 4 Euro.

STELLPLATZ

Wohnmobilstellplatz Donaupromenade

Obere Donaulände
94474 Vilshofen/Donau
☎ 08541/208112
www.vilshofen.de

Ausgewiesener Bereich auf einem Pkw-Parkplatz entlang des Donau-Ufers, Distanz zur Brauerei: 1,0 km

GPS: 48°38'19.18"N/13°10'46.88"E

Platz: = 10 auf Asphalt. Aufenthalt max. 24 h. Untergrund leicht abschüssig, Straße in Hörweite. Ganzjährig geöffnet.
Preis: Übernachtung gratis.
Distanz: Ⓗ 0,5 km, 0,5 km, 1 km, 1 km.
Freizeit: 2 km, 2 km, 1 km. Eislaufbahn 2 km, Gingkopark 2 km, Lunapark-Alpakas 8 km.

POI: Bierunterwelten 1 km, Benediktinerabtei Schweiklberg mit Afrika-Museum 1 km.
Kontakt: Matthias Hiergeist, ☎ 08541/208112, tourismus@vilshofen.de, www.vilshofen.de

WOLFERSTETTER BRÄU

Bürg 26
94474 Vilshofen/Donau
Tel.: 08541/5880
www.wolferstetter-brauerei.de
Öffnungszeiten: Mo-Do 7:00-11:30 und 12:30-15:45 Uhr, Fr 7:00-12:00 Uhr. Gasthof: Täglich außer Do 10:00-14:00 und 17:00-22:00 Uhr.
Das gibt's: Brauereibesichtigung nach Absprache, Gasthof im Ortszentrum (Stadtplatz 14, Tel.: 08541/987935, www.gasthof-wolferstetterbräu.de).

STELLPLATZ

Stellplatz am Bootshafen

Am Bootshafen 1
94474 Vilshofen/Donau
☎ 0171/4534140
www.bsv-vilshofen.de

Auf dem Gelände des Bootsportvereins am linken Donau-Ufer mit Blick auf Vilshofen, Distanz zur Brauerei und Brauhaus: 0,9 km

GPS: 48°38'20.45"N/13°11'12.27"E

Platz: P = 17 auf Schotter. =22 (10 A) WC CHEM GRAU. R wird empfohlen. Schließfach mit Dokumenten zur Anmeldung im Gebäude des Bootsportvereins. Geöffnet: April-Oktober.
Preis: 15 € inkl. aller Personen, Strom, Wasser, Entsorgung, WC, Müll-Entsorgung. Dusche 1 €/5 min.
Distanz: 0,2 km, weitere Restaurants in 0,5 km, Ⓗ 0,5 km, 0,5 km, 1 km.
Freizeit: 2 km, 2 km, 1,5 km. Stadtführung mit Besichtigung der Bierunterwelten (Tourist-Info Vilshofen).

POI: Stadtpfarrkirche St. Johannes 0,5 km, Benediktinerabtei Schweikelberg mit Afrika-Museum 1 km.
Kontakt: Franz Haas, Mobil: 0171/4534140, reservierung@bsv-vilshofen.de, www.bsv-vilshofen.de

BRAUEREI BEHRINGER

Marktplatz 35
92648 Vohenstrauß
Tel.: 09651/9244604
www.brauerei-behringer.de
Öffnungszeiten: Di, Mi und Fr 16:00-24:00 Uhr, DO, Sa und So 9:30-24:00 Uhr.
Das gibt's: Brauhaus mit Gaststätte und Biergarten, Verkauf.

STELLPLATZ

Wohnmobilstellplatz Vohenstrauß

Neuwirtshauser Weg 11
92648 Vohenstrauß
☎ 09651/922230
www.vohenstrauss.de

Separate Stellplätze auf dem Festplatz neben der Stadthalle, Distanz zur Brauerei: 1,0 km

GPS: 49°37'3.49"N/12°20'44.05"E

Platz: = 16 auf Schotterrasen. =8 (16 A) WC CHEM GRAU. Aufenthalt max. 3 Tage. Ganzjährig geöffnet.
Preis: Übernachtung gratis inkl. Strom, Wasser, Entsorgung. WC 5 €.
Distanz: 0,3 km, Ⓗ 0,3 km, 0,6 km, 0,5 km, weitere Restaurants in 0,8 km.
Gastro: Das Friedrich 0,6 km. Gasthof Zur Post 1 km. Hotel Drei Lilien 0,6 km.

Freizeit: 1 km. Sportzentrum, Tennisplatz, mehrere Skilifte in der Umgebung, Naturfreibad 1 km.
POI: Heimatmuseum und Edelstein-Schau, Schloss Friedrichsburg 0,5 km, Burgruine Leuchtenberg 6 km, Burgruine Flossenbürg 20 km.
Kontakt: Stadt Vohenstrauß, ☎ 09651/922230, info@tourismus.vohenstrauss.de, www.vohenstrauss.de

LOYDS BRAU-MANUFACTUR

Hauptstraße 41
49419 Wagenfeld
Tel.: 05444/9941704
www.steakhaus-wagenfeld.de
Öffnungszeiten: Di-Sa ab 17:00 Uhr, So 11:00-14:00 und ab 17:00 Uhr.
Das gibt's: Steakhaus mit Braumanufaktur, süffiges Bier und leckere Burger, rustikales Ambiente.

STELLPLATZ

Wohnmobilstellplatz am Hallen-Freibad Wagenfeld

Schulstraße 12-14
49419 Wagenfeld
05444/1920
www.wagenfeld.de

Großzügige Rasenfläche am Hallen-Freibad, teils durch Sträucher unterteilt, Distanz zur Brauerei: 0,9 km

GPS: 52°32'42.51"N/8°35'48.56"E

Platz: = 5 auf Wiese. CHEM GRAU . Anmeldung und Schlüssel entweder beim Schwimmbadpersonal oder Physiotherapie Pohlmann (direkt nebenan). WC zu den Bad-Öffnungszeiten. Ganzjährig geöffnet.
Preis: Ab 4 € inkl. Entsorgung, WLAN. 7 € inkl. Wasser und Strom (mit einem Schlüssel).
Distanz: 0,3 km, 0,4 km, 0,8 km.
Freizeit: 1 km. Moorbahnfahrten, Schwimmen, Tennisplatz, Kunst- und Kulturveranstaltungen in der Auburg, Golfplatz 2 km, Tierpark und Gestüt Ströhen 6 km, Wassersport Dümmersee 10 km.
POI: Herrenhaus Auburg Wagenfeld 1 km, Söhlers Mühle 2 km, Westfälische Mühlenstraße und Museumsdorf Rahden 10 km.
Kontakt: Gemeinde Wagenfeld, 05444/1920, info@hallenfreibad-wagenfeld.de, www.wagenfeld.de

KONRAD KRUG BRAUEREI

Breitenlesau 1 b
91344 Waischenfeld
Tel.: 09202/535
www.krug-braeu.de
Öffnungszeiten: Täglich 9:00-23:00 Uhr.
Das gibt's: Brauerei-Gasthof seit 1834, mit Biergarten und Tanzcenter, von Mitte Oktober bis Mitte April Sa Veranstaltungen mit Livemusik.

STELLPLATZ

Ferienhof Stenglein

Breitenlesau 22
91344 Waischenfeld-Breitenlesau
☎ 09202/633
stenglein.info@gmx.de

Am Ferienbauernhof, 6 km nordwestlich von Waischenfeld, Distanz zur Brauerei: 0,3 km

GPS: 49°51'41.59"N/11°17'35.92"E

Platz: = 3 auf Pflaster, Wiese. =4 (16 A) WC CHEM GRAU . R wird empfohlen. Hofwiese mit Sanitärgebäude. Aufenthalt nach Absprache, Anfahrt bis 21:00 Uhr. WLAN an der Rezeption. Geöffnet: März-November. Ausnahme: Bei Kälteeinbruch geschlossen.

Preis: Ab 15 € inkl. Wasser, Entsorgung, Dusche, WC, WLAN. Jede weitere Person 5 €, Kind (bis 9 Jahre) 3 €, Kind (10-17 Jahre) 4 €, Strom 3 €, Müll-Entsorgung 1 €, Kurtaxe (ab 18 Jahre) 1 €, Kurtaxe (10-17 Jahre) 0,30 €, Hund 2 €. 15-20 € je Fahrzeuglänge.

Distanz: 0,2 km, weitere Restaurants in 3 km, 0,3 km, Ⓗ 0,3 km.

Gastro: Brauereigasthof Krug mit Biergarten (Fränkische Spezialitäten), warme Küche 11:00-21:00 Uhr. Lebensmittelladen mit Bäckerei und Café (auch sonntags geöffnet) in 0,3 km. Milch und Eier vom Hof.

Freizeit: 5 km, 5 km. Brauereiwanderung, Stallbesichtigung, Einblick in den Milchviehbetrieb, Tischtennis, Felsenklettern 3 km, Fliegenfischen 5 km, Thermalbad 7 km, Kajak fahren 10 km, Sommerrodelbahn Pottenstein 15 km.

POI: Mehrere Burgen, Schlösser, Museen und Tropfsteinhöhlen 5 km, Falknerei Rabenstein mit Flugvorführung 7 km.

Kontakt: Familie Irmgard und Franz Stenglein, ☎ 09202/633, stenglein.info@gmx.de

PRIVATBRAUEREI WALDHAUS, JOH. SCHMID

Waldhaus 1
79809 Waldhaus/Weilheim
Tel.: 07755/92220
www.waldhaus-bier.com
Öffnungszeiten: Di-Do 11:00-21:30 Uhr, Fr und Sa 11:00-22:30 Uhr, So und Feiertag 10:00-21:00 Uhr.
Das gibt's: Privatbrauerei mit eigenem Manifest, Brauerei-Gasthof, Biergarten, Brauereibesichtigung 15 Euro, Oktoberfest und Bikemarathon.

DIREKT DRAN

STELLPLATZ

Brauerei Gasthof Waldhaus

Waldhaus 1
79809 Waldhaus/Weilheim
☎ 07755/1600
www.gasthofwaldhaus.de

Am Waldrand, im Naturpark Südschwarzwald, Distanz zur Brauerei: 0 km

GPS: 47°40'59.92"N/8°9'24.79"E

Platz: = 10 auf Schotter, Pflaster. Nur für Besucher des Gasthofs. Ganzjährig geöffnet.
Preis: Für Restaurantgäste kostenlos. Einkehr obligatorisch.
Distanz: 0 km, Ⓗ 0,1 km, 0,3 km, 7 km.
Gastro: Brauerei Gasthof Waldhaus mit Biergarten, Di-Do 11:00-21:30 Uhr, Sa 11:00-22:30 Uhr, So/Feiertage 10:00-21:00 Uhr. Warme Küche, 11:30-21:00 Uhr. Brotverkauf im Gasthof Mi, Fr + So ab 11:00 Uhr.
Freizeit: 10 km. Rundwanderwege am Platz, Rosenwanderweg, Loipe und Skilift Höchenschwand 8 km, Waldschwimmbad in Höchenschwand 8 km, Thermalbad Bad Zurzach 15 km, Schluchsee 20 km.
POI: Hist. Fußgängerzone Waldshut 10 km, Dom St. Blasien 12 km.
Kontakt: Brauerei-Gasthof Waldhaus Zimmermann, Thomas Zimmermann, ☎ 07755/1600, reservierung@gasthofwaldhaus.de, www.gasthofwaldhaus.de

MEYER BRAUGESELLSCHAFT + SCHNUCKENBRÄU

Hünzingen 3
29664 Walsrode
Tel.: 05161/970144
www.schnuckenbraeu.de
Öffnungszeiten: Auf Anfrage.
Das gibt's: Brauereiführung mit Bierverkostung, Bierbrauseminar mit dem Braumeister für 65 Euro.

DIREKT DRAN

STELLPLATZ

Ringhotel Forellenhof

Hünzingen 3
29664 Walsrode
☎ 05161/9700
www.forellenhof.de

Stellplatz im Grünen mit Blick auf die Teichanlage, Distanz zur Brauerei: 0,1 km

GPS: 52°53'55.27"N/9°35'26.89"E

Platz: = 6 auf Wiese. =4 (16 A) CHEM GRAU . Sauna. Anmeldung an der Rezeption. Dusche/WC im Hotel (8:00-22:00 Uhr). Ganzjährig geöffnet.

Preis: 25 €. inkl. Strom, Wasser, Entsorgung, WLAN. Gebühr beinhaltet eine verbindliche Standpauschale von 5 € für Strom, Wasser und WLAN. Dusche 5 €/Person, Sauna 12 €/Person. Bei einem Verzehr über 15 € beträgt die Stellplatzgebühr 10 € (inkl. Standpauschale). Bezahlung am Abreisetag an der Rezeption.

Distanz: Ⓗ 0 km, 0 km, weitere Restaurants in 5 km, 4 km, 5 km.

Gastro: Brauhaus mit Biergarten am Hotel. Brötchen zum Selbstkostenpreis. Frühstücksbüfett ab 7:00 Uhr, Sa/So bis 11:00 Uhr, 21,50 €/Person.

Freizeit: Kanu fahren, Beachvolleyballplatz 0,5 km, Golfclub Tietlingen 9 km, Safari-Park Hodenhagen 12 km.

POI: Weltvogelpark Walsrode 2 km, Zierkerzenfabrik 4 km, Grundlose Moor 4 km, Heidemuseum Walsrode 6 km, Heidepark Resort Soltau 25 km.

Kontakt: Nils Fuhrhop, ☎ 05161/9700, info@forellenhof.de, www.forellenhof.de

WARSTEINER WELT

Zu Hause im Waldpark
59581 Warstein
Tel.: 038759/339180
www.warsteiner-welt.de
Öffnungszeiten: Mi-Sa 10:00-14:00 Uhr sowie zu Tourenzeiten
Das gibt's: Besucherzentrum mit Markenwelt, 360-Grad-Multimedia-Theater, Brauereitour mit Besucherbahn, Bierverkostung, 23,50 Euro, online buchen, Shop, Veranstaltungen wie zum 1. Mai oder Montgolfiade.

DIREKT DRAN

STELLPLATZ

Stellplatz Warsteiner Welt

Lindenplatz 1
Zu Hause im Waldpark
59581 Warstein
☎ 02902/885001
www.gaestehaus-warsteiner-welt.de

Beim Besucherzentrum der Brauerei am Waldrand, Distanz zur Brauerei: 0,1 km

GPS: 51°25'34.00"N/8°21'25.00"E

Platz: = 30 auf Schotterrasen. =30 WC CHEM . R wird empfohlen. Online-Buchung möglich. Ganzjährig geöffnet.
Preis: 19,50 € inkl. Strom, Wasser, Entsorgung, Müll-Entsorgung, WC/Dusche. Waschmaschine/Trockner je 2 €. Bezahlung beim Platzwart täglich zwischen 9:00 und 9:30 Uhr.
Distanz: 0,7 km, weitere Restaurants in 2,5 km, Ⓗ 1,5 km, 2 km, 2 km.
Gastro: Gästehaus der Warsteiner Welt mit Biergarten. Frühstück 12,50 €/Person, 7-12 Jahre.

Freizeit: 4 km, 0,3 km. Ballonfahrten, Planwagenfahrten, Besucherzentrum: Brauereibesichtigung mit Multimediatheater Rotarium.
POI: Kapelle Altwarstein 2,2 km, Lörmecke Aussichtsturm 3,5 km, Wildpark mit Warsteiner Bilsteinhöhlen-Tropfsteinhöhlen 7 km.
Kontakt: Gästehaus der Warsteiner Welt, ☎ 02902/885001, visit@warsteiner.com, gaestehaus-warsteiner-welt.de/camping

BRAUEREI AM ROSSTOR

Am Roßtor 8
41849 Wassenberg
Tel.: 02432/9489944
www.rossberger-bier.de
Öffnungszeiten: Mi bis Fr 15:00-18:00 Uhr, Sa 11:00-13:00 Uhr.
Das gibt's: Bier- & Steak-Tasting: Brauerei seit 2014, Brauereibesichtigung samt Verkostung für 15 Euro und Braukurse mit Dreigang-Menü für 75 Euro.

STELLPLATZ

Stellplatz Am Parkbad

Auf dem Taubenkamp 2
41849 Wassenberg
☎ 02432/49000
www.wassenberg.de

Großzügig angelegte Stellplätze mit Grünzonen und Sitzgruppen am angrenzenden Parkbad, Distanz zur Brauerei: 1,0 km

GPS: 51°5'46.90"N/6°8'37.66"E

Platz: = 11 auf Pflaster. CHEM. An- und Abreise zu den Bad-Öffnungszeiten (siehe Webseite). Ganzjährig geöffnet.
Preis: 5 €. Strom 0,50 €/kWh, Wasser 1 €/80 l, Entsorgung 1 €. Inkl. 1 Freikarte für das Parkbad. Bei 1 Woche Aufenthalt 20 €.
Distanz: , weitere Restaurants in 0,5 km, 0,5 km, 0,5 km, Ⓗ 0,5 km.
Gastro: Bistro mit Außenterrasse im Parkbad, warme Küche 13:30-21:00 Uhr.
Freizeit: 1 km. Premium-Wanderwege, RurUfer-Radweg, Gartenpark Wassenberg, Freizeit- und Erlebnisbad (Parkbad), Nordic Walking-Park Wassenberg-Roerdalen.
POI: Nationalparkregion Meinweg, Altstadt mit Bauten und Kirchen im gesamten Stadtgebiet 0,5 km, Naturpark-Tor Wassenberg 1,6 km.
Kontakt: Stadt Wassenberg, ☎ 02432/49000, info@wassenberg.de, www.wassenberg.de

BRAUEREI ANDREAS SCHNEIDER

Bachgasse 15
91781 Weißenburg
Tel.: 09141/2407
www.schneider-bier.de
Öffnungszeiten: Mi bis Sa 11:00-22:00 Uhr, So 10:30-22:00 Uhr.
Das gibt's: Brauerei mit Gasthof, mittelfränkische Küche, Biermuseum, das die Historie der Braukunst vermittelt.

STELLPLATZ

Wohnmobilstellplatz Am Limesbad

Badstraße 5
91781 Weißenburg
☎ 09141/907124
www.weissenburg.de

Auf einem öffentlichen Großparkplatz, Distanz zur Brauerei: 0,8 km

GPS: 49°1'28.73"N/10°58'21.87"E

Platz: = 6 auf Asphalt. CHEM GRAU. Bei Frost keine VE. Öffentliches Bayern-WLAN kostenfrei. Ganzjährig geöffnet. Ausnahme: 1.8.-31.8 wegen Weißenburger Kirchweih geschlossen.
Preis: Übernachtung gratis inkl. Entsorgung, WLAN. Strom 0,50 €/ kWh, Wasser 1 €/80-100 l.
Distanz: Ⓗ 0,5 km, 1 km, 1 km, 1 km.
Gastro: Restaurants in der Innenstadt 1 km.

Freizeit: Brombachsee, Limesbad (Limesbad), Wülzburgweg 0,5 km, Limeswanderung 0,5 km, Altmühltahl Panoramaweg 9,5 km, Altmühltahl Radweg 9,5 km.
POI: Altstadt, Reichsstadt Museum 1 km, Römermuseum 1 km, Römische Thermen 1,5 km, Kastell Biriciana 1,5 km, Hohenzollernfestung Wülzburg 3 km.
Kontakt: Stadt Weißenburg, ☎ 09141/907124, tourist@weissenburg.de, www.weissenburg.de

ERZQUELL BRAUEREI BIELSTEIN

Bielsteiner Straße 108
51674 Wiehl
Tel.: 02262/820
www.erzquell.de
Öffnungszeiten: Brauereibesichtigungen Mo-Do 14:00-17:00 Uhr, Mi und Do 18.30-21.30 Uhr.
Das gibt's: Brauereiführungen für 12,50 Euro, Anmeldung Tel.: 02204/843042, solche mit Kabaret nur mit Voranmeldung zu höheren Preisen.

STELLPLATZ

Campingplatz Wiehltal

Jahnstraße 14
51674 Wiehl-Bielstein
☎ 02262/727420
www.campingplatz-wiehltal.de

Stellplatz vor dem Campingplatz, Distanz zur Brauerei: 1,0 km

GPS: 50°57'32.33"N/7°30'43.34"E

Platz: P = 20 auf Schotter. CHEM GRAU. R wird empfohlen. Eben, kein Schatten. Weitere Stellplätze auf dem Camping zu den Campingpreisen. Ganzjährig geöffnet.
Preis: 16 € inkl. WC. Premium-Stellplatz auf Anfrage. Jede weitere Pers. 5,50 €, Kind (6-16 J.) 3,50 €, Strom 2 €, Dusche 0,80 €, Müll-Entsorgung 1 €, Trockner je 3 €, Waschmaschine je 4 €.
Distanz: 0,8 km, 3 km.

Gastro: Erzquell-Brauerei Bielstein. Imbiss, Restaurant, Biergarten.
Freizeit: Tierpark, Freizeitpark, Naturerlebnispark Wiehl, Tennis, Postkutschfahrten, Minigolf.
POI: Tropfsteinhöhle Wiehl, Schloss/Burg, Wiehler Dahlienschau.
Kontakt: Campingplatz Wiehltal, ☎ 02262/727420, info@campingplatz-wiehltal.de, www.campingplatz-wiehltal.de

WILLINGER BRAUHAUS

In den Kämpen 2
34508 Willingen/Upland
Tel.: 05632/9690500
www.willinger-brauhaus.de
Öffnungszeiten: Brauhaus täglich ab 10:30 Uhr, Malztenne und Brasserie Fr und Sa 18:00-3:00 Uhr.
Das gibt's: Brauereibesichtigung Mo-Sa um 10.30 Uhr, Brauhaus mit Malztenne zum Tanzen, Brasserie, Brauherren-Buffet 25 Euro.

STELLPLATZ

Wohnmobilpark Willingen
Am Hagen 10a
34508 Willingen/Upland
☎ 05632/960719
www.wohnmobilpark-willingen.de

An der Eissporthalle, am Fuße des Ettelsbergs, Distanz zur Brauerei: 1,0 km

GPS: 51°17'22.74"N/8°36'46.77"E

Platz: P = 54, = 6 auf Schotter. =54 (16 A) WC CHEM/Bio GRAU . Eishalle. nur bei Gruppen. Anfahrt 24 h. Ticket gültig bis 15:00 Uhr des Abreisetages. Leinenpflicht für Hunde. Hinweis: Duschen in der Eissporthalle oder im Lagunenbad ggü. (80 m), Bad wegen Renovierung noch bis Ende 2022/Anfang 2023 geschlossen. Ganzjährig geöffnet.

Preis: 16 € inkl. Entsorgung, WC, Müll-Entsorgung, WLAN, Hund, Kurtaxe. Jede weitere Person 4 €, Kind (bis 14 Jahre) gratis, Strom 1 €/ kWh, Wasser 1 €/100 l oder 0,10 €/10 l, jeder weitere Hund 1,50 €, Duschen 1,50 €/30 min. 10er-Karte mit Rabatt. Ab 2023: 17 €.

Distanz: 0,1 km, weitere Restaurants in 0,5 km, Ⓗ 0,8 km, 1 km, 1,3 km.

Gastro: Kiosk am Platz, Brötchenservice, Frühstück. Restaurant in der Eissporthalle.

Freizeit: 0,2 km, 0,5 km. Eislaufen, Indoor-Spielanlage im Besucherzentrum nebenan, Mountainbiking, Ski Alpin 0,3 km, Ettelsberg-Seilbahn 0,5 km, Sommerrodelbahn 2 km, Freischwimmbad 5 km.

POI: Schiefer-Besuchsbergwerk 1,5 km, Glasbläserei, Brauhaus 1,5 km, Hochheideturm 2 km, Mühlenkopfschanze 2 km.

Kontakt: Mirjana Stremme, ☎ 05632/960719, info@wohnmobilpark-willingen.de, www.wohnmobilpark-willingen.de

GASTHAUS BRAUEREI WISMAR

Kleine Hohe Straße 15
23966 Wismar
Tel.: 03841/250238
www.brauhaus-wismar.de
Öffnungszeiten: Täglich ab 11:00 Uhr.
Das gibt's: Brauhaus mit regionaler Küche, Baltach Lounge für Cocktail-Genuss, Live-Musik und Verkostungen, Shop.

STELLPLATZ

Wohnmobilpark Westhafen Wismar

Schiffbauerdamm 12
23966 Wismar
☎ 0172/3905368
www.wohnmobilpark-wismar.de

Großzügig angelegter Reisemobilplatz nahe der Altstadt und Altem Hafen, Distanz zur Brauerei: 1,0 km

GPS: 53°53'38.92"N/11°27'5.62"E

Platz: = 85 auf Wiese, Schotter, Schotterrasen. WC CHEM GRAU. R nur bei Gruppen. Caravan-Gespanne nur nach vorheriger Anmeldung. Ganzjährig geöffnet.

Preis: 15 € inkl. aller Personen, Entsorgung, Müll-Entsorgung, WLAN, Hund. Strom 1 €/8 h, Wasser 1 €/100 l, Dusche 1 €/4 min, jeder weitere Hund 1,50 €, Zugang WC/Duschen 4 €, VE für Durchreisende 3 €. Ticket am Automaten erhältlich inkl. Code für Sanitäranlage.

Distanz: 0,1 km, Ⓗ 0,2 km, 0,3 km, weitere Restaurants in 0,3 km Entfernung, 0,5 km.

Gastro: Brötchenservice.

Freizeit: 1,5 km, 1 km. Hafenrundfahrt, Charterangeln, Stadtbesuch/Stadtführung.

POI: Alter Hafen, Stadtzentrum 0,3 km.

Kontakt: Frau Franze/Frau Riedel, Mobil: 0172/3905368, info@wohnmobilpark-wismar.de, www.wohnmobilpark-wismar.de

SCHINKELS BRAUHAUS – BIO-BRAUEREI

Am Sande 9
37213 Witzenhausen
Tel.: 05542/911210
www.schinkels-brauhaus.de
Öffnungszeiten: Schinkels Brauhaus (Oberburgstraße 10): Mo-Fr 17:00-22:00 Uhr, Sa 12:00-15:00 und 17:00-22:00 Uhr, So 12:00-21:00 Uhr, Schinkels Brauerei mit Biershop: Mo-Fr 8:30-15:00 Uhr, Sa 11:00-14:00 Uhr.
Das gibt's: Brauereibesichtigung von Hessens erster Biobrauerei 6 Euro, Bierseminar 7 Stunden mit Diplom, Essen und Trinken 80 Euro, Bierverkostung drei Stunden 50 Euro, Beef & Beer 96 Euro.

STELLPLATZ

Wohnmobilstellplatz Oberburgstraße

Oberburgstraße
37213 Witzenhausen
☎ 05542/60010
www.kirschenland.de

Am historischen Diebesturm und Stadtpark, Distanz zur Brauerei: 1,0 km, zum Brauhaus: 0,1 km

GPS: 51°20'27.84"N/9°51'13.94"E

Platz: = 4 auf Schotter. =4 CHEM GRAU. Ganzjährig geöffnet.
Preis: 7 € inkl. Entsorgung. Strom 0,50 €/ kWh, Wasser 0,50 €/100 l. Bezahlung am Parkscheinautomat.
Distanz: 0,1 km, 0,3 km, 0,5 km, 0,5 km.
Gastro: Schinkels Brauhaus. Warme Küche Mo-Fr 17:00-22:00 Uhr, Sa 12:00-15:00 Uhr/17:00-22:00 Uhr, So 12:00-21:00 Uhr.
Freizeit: 2 km. Wanderweg, Stadtpark mit Spielplatz, Kirschenerlebnispfad, Radwanderweg Werratal 0,2 km, Brauereiführung und Bierseminar im Schinkels Brauhaus 1 km.

POI: Liebfrauenkirche 0,1 km, hist. Altstadt 0,4 km, Tropengewächshaus, Völkerkundemuseum 0,5 km, Kautabakmanufaktur und Museum 0,6 km.
Kontakt: Pro Witzenhausen, ☎ 05542/60010, info@kirschenland.de, www.kirschenland.de

HAGENBRÄU GASTHAUS WORMS

Am Rhein 3
67547 Worms
Tel.: 06241/921100
www.hagenbraeu.de
Öffnungszeiten: Mo-Fr 11:30-14:00 und 17:00-21:00 Uhr, Sa und So 11:30-21:00 Uhr.
Das gibt's: Brauerei mit Gasthaus, Brauereiführung mit Bierprobe ab 6,90 Euro.

STELLPLATZ

Stellplatz Worms

Kastanienallee am Festplatz
67547 Worms
☎ 06241/8537306
www.worms-erleben.de

Unterhalb des großen Festplatzes, Distanz zur Brauerei: 0,4 km

GPS: 49°38'4.48"N/8°22'30.02"E

Platz: = 25 auf Schotter. =6 (10A) . VE mit Frischwasser (Wertmarken) beim Gasthof Hagenbräu. Ganzjährig geöffnet.
Preis: 6 € inkl. Müll-Entsorgung. Strom 1 €/4 h, Wasser 1 €.
Distanz: 0,1 km, 0,3 km (Gasthof Hagenbräu, 67547 Worms), Ⓗ 0,3 km, 1 km, 1,4 km.
Freizeit: 2 km, 2 km, 0,5 km. Stadt- und Domführung, Besuch der Altstadt.

POI: Pauluskirche und Magnuskirche, Nibelungenmuseum 1,2 km, Lutherdenkmal 1,3 km, Kaiserdom St. Peter 1,4 km, Jüdischer Friedhof Heiliger Sand 1,8 km, Museum im Andreasstift 1,8 km.
Kontakt: Tourist-Information Worms, ☎ 06241/8537306, touristinfo@worms.de, www.worms-erleben.de

GASTSTÄTTE BRAUHAUS ZWICKAU

Peter-Breuer-Straße 12-20
08056 Zwickau
Tel.: 0375/3032032
www.brauhaus-zwickau.de
Öffnungszeiten: Di-Sa 16:00-24:00 Uhr.
Das gibt's: Brauhaus mit Gaststube im Herzen der Stadt, Biergarten mit gelegentlicher Live-Musik, Schnapsbrennerei, Brauhaus-Shop.

STELLPLATZ

Wohnmobilstellplatz Zwickau

Uhdestraße 25
08056 Zwickau
☎ 0375/2713244
www.zwickautourist.de

Beim Gelände des Ubineums, Distanz zur Brauerei: 0,9 km

GPS: 50°42'34.60"N/12°30'14.45"E

Platz: = 5 auf Asphalt. . Ganzjährig geöffnet.
Preis: Übernachtung gratis. Strom 1 €/ kWh.
Distanz: 0,1 km, weitere Restaurants in 1,1 km, Ⓗ 0,3 km, 0,9 km, 1,2 km.
Gastro: Tele Pizza (direkt an der Zufahrt).
Freizeit: Mulde-Radweg, Events auf der Freilichtbühne Zwickau 2,2 km, Golfclub Zwickau 3,3 km.

POI: Kunstsammlungen - Max-Pechstein-Museum, Zwickauer Priesterhäuser, Robert-Schumann-Haus, August-Horch-Museum, Johannisbad.
Anfahrt: Anfahrt über Uhdestraße 23.
Kontakt: Tourist-Info Zwickau, ☎ 0375/2713244, tourist@kultour-z.de, www.zwickautourist.de

BRAUEREIGASTSTÄTTE GÖLLER

Speiersgasse 21
97475 Zeil am Main
Tel.: 09524/9554
www.zur-alten-freyung.de
Öffnungszeiten: Täglich ab 9:30 Uhr, Di Ruhetag.
Das gibt's: Burger-Freitag ab 16:00 Uhr, Bierkalender.

STELLPLATZ

Altstadt-Parkplatz

Mittelweg 2a
97475 Zeil am Main
☎ 09524/9490
www.zeil-am-main.de

Auf einem öffentlichen Parkplatz direkt an der Altstadt, Distanz zur Brauerei: 0,6 km

GPS: 50°0'25.07"N/10°35'44.25"E

Platz: = 10 auf Rasengittersteinen. Stromsäule für E-Autos. Ganzjährig geöffnet.
Preis: Übernachtung gratis.
Distanz: Ⓗ 0,2 km, 0,8 km, 0,2 km, weitere Restaurants in 0,8 km, 0,5 km.
Freizeit: 7 km, 6 km. Stadt-, Museums-/Weinbergsführungen, Angeln, Brauereibesichtigung, Weinproben, Weinwanderweg Abt-Degen-Steig 1 km.

POI: Wallfahrtskirche Zeiler Käppele, Stadtpfarrkirche St. Michael Zeil, Dokumentationszentrum Zeiler Hexenturm, Historische Altstadt, Wallfahrtskirche Maria Limbach 6 km.
Kontakt: Stadt Zeil am Main, ☎ 09524/9490, info@zeil-am-main.de, www.zeil-am-main.de

STELLPLATZ

Parkplatz Tuchanger

Tuchanger 1
97475 Zeil am Main
☎ 09524/9490
www.zeil-am-main.de

Auf einem öffentlichen Parkplatz an der Sporthalle am Rande der Altstadt, Distanz zur Brauerei: 0,8 km

GPS: 50°0'35.93"N/10°35'25.97"E

Platz: = 10 auf Asphalt. VE am Autohof Knetzgau. Ganzjährig geöffnet.
Preis: Übernachtung gratis.
Distanz: 0,3 km, Ⓗ 0,4 km, 0,4 km, 0,5 km.
Freizeit: 7 km, 0,5 km. Stadt-, Museums-/Weinbergsführungen, Brauereibesichtigung, Weinproben, Weinwanderweg Abt-Degen-Steig.

POI: Dokumentationszentrum Zeiler Hexenturm, hist. Altstadt mit Foto-/Filmmuseum, Wallfahrtskirche Zeiler Käppele, Stadtmauer und Stadtturm sowie Burgruine Schmachtenberg in Zeil 0,4 km.
Kontakt: Stadt Zeil am Main, ☎ 09524/9490, info@zeil-am-main.de, www.zeil-am-main.de

ZWIEFALTER KLOSTERBRÄU

Hauptstraße 24
88529 Zwiefalten
Tel.: 07373/200-99
www.zwiefalter.de
Öffnungszeiten: Do-Mo 11:00-18:00 Uhr.
Das gibt's: Bierhimmel mit Schaubrauerei, Braukursen, Hofladen und Biergarten, Brauereibesichtigung 20 Euro, Gaststätte.

STELLPLATZ

Jugendzeltplatz neben dem Höhenfreibad

Brunnensteige
88529 Zwiefalten
☎ 07373/2050
www.zwiefalten.de

Auf dem Freizeitgelände neben dem Höhenfreibad, Distanz zur Brauerei: 0,9 km

GPS: 48°13'58.37"N/9°28'23.03"E

Platz: / = 5 auf Schotter. =4 WC. nur bei Gruppen. Teilweise uneben. Leinenplicht für Hunde. Grillplatz mit überdachter Schutzhütte hinter dem Parkplatz (Jugendzeltplatz). Geöffnet: Mitte Mai-Mitte September.

Preis: 20 € inkl. Wasser, Dusche, WC. Jede weitere Person 10 €, jede weitere Person (4-18 Jahre) 8 €. Eintritt ins Freibad inklusive.

Distanz: Ⓗ 1 km, 1 km, 1 km, 1 km, weitere Restaurants in 1,3 km.

Gastro: Freibad-Klosk. Weitere Restaurants/Cafés im Ort ab 1 km.

Freizeit: Beachvolleyball im Bad, Brauereibesichtigung 1 km.

POI: Zwiefalter Münster 0,8 km, Wimsener Höhle 5 km, Schloss Lichtenstein 20 km.

Kontakt: Gemeinde Zwiefalten, ☎ 07373/2050, info@zwiefalten.de, www.zwiefalten.de

BRAUEREI-GASTHOF ZWÖNITZ

Grünhainer Straße 15
08297 Zwönitz/Erzgebirge
Tel.: 037754/59905
www.brauerei-zwoenitz.de
Öffnungszeiten: So-Do 11:00-22:00 Uhr, Fr-Sa ab 11:00 Uhr.
Das gibt's: Sudhaus mit Blick auf die Braukessel, jeden Di braut hier der Braumeister das Bier, gemütliches Blockhaus, Kaminzimmer, Hopfenstube und Biergarten.

DIREKT DRAN

STELLPLATZ

Brauerei Zwönitz

Grünhainer Straße 15
08297 Zwönitz/Erzgebirge
☎ 037754/59905
www.brauerei-zwoenitz.de

Brauerei mit Gasthof und Pension, Distanz zur Brauerei: 0 km

GPS: 50°37'38.68"N/12°48'56.39"E

Platz: / = 10 auf Pflaster, Asphalt, Wiese. . wird empfohlen. Ganzjährig geöffnet.
Preis: Für Restaurantgäste kostenlos. Einkehr obligatorisch.
Gastro: Brauerei Gasthof mit großem Biergarten. Frühstück für Camper täglich von 8:00-10:00 Uhr.

Freizeit: Führungen durch die Brauerei auf Anfrage, Stadtführung mit dem Zwönitzer Nachtwächter auf Anfrage.
Kontakt: Brauerei Zwönitz, Mandy Naumann, ☎ 037754/59905, Mobil: 0163/6666550, kontakt@brauerei-zwoenitz.de, www.brauerei-zwoenitz.de

Stellplatzführer

Viel Spaß beim Entdecken!

Jetzt direkt bestellen unter:
shop.doldemedien.de
Oder im Buchhandel vor Ort.

ROMANTISCHE STÄDTE BD. 1

Städte-Erlebnis mit Wohnmobil und Caravan. Dieses Buch nennt zentral gelegene Übernachtungsplätze in 174 romantischen Städten Deutschlands, die sich durch ihr historisches Erbe, aber auch durch ihr touristisches Angebot besonders hervortun.

Für nur 19,90 €
ISBN 978-3-948979-00-3

ROMANTISCHE STÄDTE BD. 2

Dieses Buch nennt - ergänzend zum ersten Band - weitere **170 romantische Städt**e in Deutschland, die über einen zentral gelegenen Wohnmobil-Stellplatz verfügen.

Für nur 19,90 €
ISBN 978-3-948979-05-8

GRATIS ÜBERNACHTEN

Sie möchten Stellplatzgebühren sparen? Dieser Stellplatzführer hilft Ihnen dabei. Er nennt Ihnen **324 Gratis-Plätze** in Deutschland, die von Städten und Gemeinden angeboten werden und nahe der Autobahn liegen, in max. 15 km Entfernung.

Für nur 19,90 €
ISBN 978-3-948979-02-7

NATUR- & NATIONALPARKS

Wo lässt es sich naturnah im Reisemobil übernachten? Dieser Stellplatzführer leitet Sie zu **150 Übernachtungsplätze**n an deutschen Nationalparks, Naturparks und Biosphärenreservaten.

Für nur 19,90 €
ISBN 978-3-948979-04-1

HUNDE WILLKOMMEN

Dass Sie als **Hundebesitzer** stets einen Stellplatz finden, auf dem Sie und Ihr Gefährte willkommen sind, dabei hilft Ihnen dieses Buch: Es listet **140 hundefreundliche Übernachtungsplätze** auf.

Für nur 19,90 €
ISBN 978-3-948979-09-6

Berg